内定をとりたければ、その就活はやめなさい

「採用側の論理」から攻める内定獲得講座

篠上芳光

まえがき

２０１５年度上半期（４月～９月）、東京ディズニーランドおよびディズニーシーの来園者数は１４３７万２０００人でした。１日あたり約７万９０００人もの人が、この「魔法の世界」を訪れていることになります。多くの専門家が説明しているように、ここには来園者に「夢の世界に浸ってもらう」ため、細部に至るまでさまざまな仕掛けがあります。「ワールドバザールは、入り口からシンデレラ城に向かって、道がだんだん狭くなる遠近法を用いた設計になっている。これは目標が遠くにあるように錯覚させ、夢のお城に向かう期待感を高めるため」「迷子の園内放送を流さないようにしているのは、夢の国で楽しむゲストが魔法から覚めないようにするため」。「顧客視点」で考え抜かれた「戦略」が、人々を引きつけているのです。

長年、就活生を見ていて感じることは「企業視点」を持っていない学生があまりにも多いということです。「どうしたら、自分が選ばれるのか？」をまったく考えていません。「やりたい仕事」「入りたい企業」「過度の自己分析信仰」……。自分に選択権のある大学受験と同じように就活を行なっているのです。

また、考えているようで、自分に都合よく考えているだけの学生もよく見かけます。たとえば「語学が得意だから、これを武器に……」と本人は思っていても、仕事能力を重視している企業に対し、この点をどのようにアピールするか、という戦略が抜け落ちているのです。これでは選んでもらえないでしょう。

入社試験の競争率は高倍率です。人気企業では１００倍以上というケースもたくさんあります。多くのライバルから選ばれるためにはそれなりの「戦略」が必要です。

本書では、厳しい就活を勝ち抜くための「戦略」を指南しています。１００人の内定者がいれば、そこには１００通りの「戦略」があるはずです。意中の企業から「内定」をもらうためには、「ディズニーの魔法」のような、考え抜いた「戦略」が必要なのです。本書がひとりでも多くの「本気で内定を獲得したい」と切望する就活生のヒントになれば幸いです。

第1章

この事実を知らずして就活を始めるな

第2章 就活生が見落としている間違いだらけの企業選び

第3章 インターンシップ・会社説明会で早々に内定をとる

70

第4章 企業はエントリーシート・履歴書のここを見ている 94

第5章 面接突破にはそれなりの答え方がある

カバー 本文デザイン　小口智也（オコデザイン事務所）

第1章

この事実を知らずして就活を始めるな

「挫折は過程、最後に成功すれば挫折は過程に変わる。
だから成功するまで諦めないだけ」

（サッカー日本代表　本田圭祐）

①

エントリーすること、説明会に参加することにまったく意味はない

内定が1社もなく、就活がうまくいっていないという学生からの相談を受け、活動状況を詳しく聞いてみると、多くの学生が大きな誤解をしていることがわかります。

それは、本人はがんばって就活に取り組んでいる気持ちにはなっているのですが、内定に結びつくための行動を起こしていないということです。

早い話が、ＷＥＢサイトへのエントリーや会社説明会、合同企業説明会に参加することで、「自分は就活をがんばっている」と思い込んでいるのです。「エントリー数は50社以上……」というような学生が山ほどいます。しかし、エントリーというのは、ただパソコンのキーを押せばよいだけの話。

学生のみなさんの心にしっかりと刻み込んでおいてほしいことは、**内定を獲得するための就活は、インターンシップの参加や1次面接がスタートライン**と考えるべきだということです。就活は企業の担当者から、自分が厳しく評価される面接の機会を得た時から始まるのです。

内定がもらえない多くの学生は、エントリー数や会社説明会の参加回数ばかりを語ります。就活がスタートして4～5か月経っても、よくよく話を聞いてみると「1次面接にこぎつけたのは数回、あるいはゼロ」という学生が多数います。

オリンピックでは決勝のスタートラインに立てなければ、メダル獲得は絶対にありえません。内定獲得への長い道のりは1次面接から始まるのです。**就活を始めたら、まずは、何が何でも1次面接に呼んでもらうことを考えてください。**当たり前のことですが、スタートラインに立てる回数が増えれば増えるだけ、内定獲得の確率は高まるのです。

②企業は「高学歴＝戦力になる人材」と判断していない

先日、私の教え子であるメガバンクの30代の中堅行員数名と話をする機会がありました。そのなかで私がもっとも印象に残った彼らの言葉は、「大学名だけで新卒行員を選ぶと、とんでもないことになる。やっぱり、人をよく見なければいけないと、いつも行内で話しています」というものでした。ほかの大手企業でも同様です。言わずもがなですが、大事なのは本人の能力です。

最近、さまざまなところで「就職できない東大生が増加している」という話を聞きます。詳細は語れませんが、東京大学の大学内部でも問題になりつつあるようです。もちろんこのような学生は在学生全体のなかではまだまだ少数でしょう。かつては東大卒の学生なら全員採用していたという大手金融機関もありましたが、学生の選別はどのような企業でも厳しくなっていることは事実です。企業も自分たちが生き残るためには、優秀な人材を確保しなければならないのは当然のことです。

現実に、**入学した大学の「受験偏差値」と内定先企業の「就職偏差値」が逆転することは多々起こります。**これは、毎年多くの学生の就活指導をしていて実感しています。

たとえば人気企業のひとつ資生堂「宣伝部」。昔は東京芸大の卒業生ばかりだったのですが、最近はほかの美術大学の出身者が増えているようです。これは、電通、博報堂などの広告代理店でも同じ現象が起きています。

しかし、ここに大きな落とし穴があります。見事「逆転」突破した学生たちはかならず、自分が勝つだけの「強力な武器」を持っていました。**自分の戦力分析を厳しく行ない、「武器」を持って就活をすることが大事**なのです。では「強力な武器」とは何でしょうか。

これからそれを具体的に見ていきたいと思います。

③「アルバイトの苦労話が武器になる」というのは幻想

書類審査が通り、大手食品メーカー総合職の1次面接試験があるので、その面接対策の相談に来た女子学生がいました。とくに営業の仕事を志望しているそうです。自己PRは「高校生のときから、コンビニのアルバイトをしているので、自分には誰にも負けない接客力、営業力がある」とのこと。その理由は次のようなものでした。

「いつもお客様から、『いい笑顔だね……』と言われます」

「店長から、よく『Mさんは接客がうまいね!』とほめられます」

アルバイト先で得た自信は大事ですが、それを採用担当者に果たして客観的に説明できるのか、これで次に進めるかどうかが決まります。よく就活本に「面接試験でアルバイトの話は嫌われる」と書かれていますが、事実、ほとんどの学生が熱く語るアルバイトの経験談は、採用担当者にしてみれば「ただの思い込みじゃないの?」「またか……」という、うんざりする話ばかりなのです。

アルバイトの話をするなら、「自分を採用したほうがよい理由」を織り込んで、企業の担当者に明確に伝えることができるかどうかを考えるべきです。

これは機械などを売る際のセールストークと同じです。コピー機の売り込みの場合、「1分間に何枚コピーできる」「電気代が他社製より1日○○円の削減になる」という話をするはずです。

「居酒屋でバイトをしていたとき、とくに8月に入ってからの売上げの落ち込みが激しかったので、急きょ自分がお店のチラシを作成し、駅前でそれをまくことを提案しました。割引券も一緒に配ることで、前年の8月に比べ、売り上げが25%増加しました」というように、自分が考え、行動したことによってどれだけ効果があったのか。数字や事実を交えながら客観的に成果を説明できれば、アルバイト経験も自己PRの武器になります。

④

「わざわざ就職しなくても、バイトでじゅうぶん稼げる」の嘘

２０１５年11月５日に厚生労働省が発表した「非正規社員が初めて４割を超えた」というニュースは、少なからず学生たちにもショックを与えたようでした。私も大学での授業の際に、何人かの学生から「これからも増加するのでしょうか？」「どうして非正規社員が増えるのでしょうか？」などの質問を受けました。

学生がこのニュースを聞いて不安になる理由は、日本社会においては、正規雇用者と非正規雇用者の収入には大きな格差があるからです。

たしかに新入社員とアルバイトの年収にはたいした違いはありません。

しかし残念ながら日本社会は「同一労働、同一賃金」ではありませんので、

雇用形態による賃金格差

年齢階級	正社員･正職員	正社員･正職員以外	雇用形態間の賃金格差
	賃金(千円)	賃金(千円)	(正社員･正職員=100)
20～24	202.4	170.1	84
25～29	236.8	187.8	79
30～34	271.6	200.9	74
35～39	307.9	203.0	66
40～44	341.6	200.8	59
45～49	379.3	198.7	52
50～54	398.7	197.0	49
55～59	390.3	198.8	51
60～64	306.3	220.2	72
65～69	295.8	205.2	69

(厚生労働省「平成26年賃金構造基本統計調査」より)

正規雇用と非正規雇用の収入の格差は年齢とともに大きくなります。上の表を見てください。「正社員・正職員」を100としたときの「正社員・正職員以外」の賃金格差を示しています。

賃金格差の開きは20歳~24歳の間はそれほど大きくないかもしれません。しかし、その後、格差は開いていきます。また、「正社員・正職員以外」の就労者の賃金は年齢が上がってもほぼ一定水準のまま上がっていないこともわかります。

国際労働機関（ILO）では、「同一労働同一賃金」は基本的人権のひとつとして国際労働機関憲章前文に掲げられています。そして多くの欧米先進国においては実施されています。

しかし日本における賃金格差の現状を考えれば、就職に対する意識を変えなくてはいけません。

⑤

「やりたい仕事」を探すから就職に失敗する

自分が「やりたい」と強く望む仕事ができそうな会社から内定がもらえれば、それはとても幸せなことでしょう。しかし「やりたい」ことを求めるあまり、二つの落とし穴に落ちてしまう可能性もあるので、この点はくれぐれも気をつけてください。

一つ目の落とし穴は、「思い」が強すぎて、「想像していた仕事」と「現実の仕事」のギャップに適応できないということです。

ある商社を6か月で辞めた女性社員のケースです。得意の英語を活かした仕事がしたいと思い、第1志望の会社に入社しました。3か月間の新人研修が終わり、営業部門に配属されましたが、与えられる仕事は営業資料の作成など、先輩のアシスタント業務ばかり。英語力のある自分ならすぐにでも「海外出張」を命じられたり、昼は「海外の取引先とビジネスランチ」をしていたり……。ところが、入社前に思い描いていた仕事はまったく回ってきません。「これは私のやるべき仕事ではない」と悩むようになり、配属3か月後、彼女は辞表を出しました。

二つ目の落とし穴は、「憧れ」の業界で働くことばかり考え、入社後の仕事と生活を考えていなかったため、失敗してしまうというケースです。

ファッション関連の企業に入社したある女性社員です。「何が何でもファッション関連の仕事に就きたい！」と、その思いだけで就活を続けた結果、ある会社の販売員として内定をもらいました。しかしその会社の売上目標は厳しいものでした。達成できないと「自腹購入」をしてノルマを達成する人も多かったそうです。これではとても生活できないということで、結局1年で離職しなければなりませんでした。営業・販売という仕事には「売上目標」があることを彼女はまったく知らなかったそうです。

企業・仕事内容をしっかりと研究することが大事だという例です。

⑥ 親（兄・姉）の仕事を説明できない人は就活に苦戦する

ビジネスでは情報が命です。これは就活においてもまったく同じです。「情報感度」の低い人は、ビジネス社会に出る以前に、就活でも苦労することになります。会社説明会で話を聞いても、企業のホームページを見ても、重要な情報を汲み取れない人は、間違いなく負けてしまいます。

内定がもらえない学生と話していると、とても驚かされることがあります。それは**「家族の仕事に無関心」である人がとても多い**ということ。仕事内容だけではなく、勤務地、なかには会社名も知らない学生さえいます。

最近、自分が関心あることにしか興味を持たない人が急増しています。しかし自分の目の前を通り過ぎていく情報が、いつどこで役に立つかわかりません。**家族の仕事に関する情報は貴重な「ビジネス情報」になるかもしれない**のです。

アップル社の故スティーブ・ジョブズ氏は世界中の人たちを魅了する製品を送り出し続けました。いっぽうで「決して画期的な発明・発見をしたわけではない」「既存の技術を組み合わせて製品を送り出しただけ」「日本のメーカーにもできたこと」という声が聞こえてきます。私は技術の専門家ではありませんからこの声に対して論評することはできません。

しかし、残念ながらほかの経営者・技術者は「世の中の人々が何を欲しているのか」という「情報感度」が低かったのではないかと思います。情報感度の差が、日本メーカーとの大きな業績の差になったと思います。

「父が東芝で、義理の兄も東芝の関連会社に勤めています。自分は日立志望なので家族間でライバルになりますね」と笑って語ってくれた学生は、わずか就活1か月で、第1志望の日立製作所から内定を勝ちとりました。子どもの頃からもっとも身近な業界だったため、業界研究や企業研究が、ほかの学生と比べてもずば抜けたものだったのです。

⑦
就活を始める前にプライオリティー（優先順位）を明確にせよ

「就活で1年以上もの長期間、学生を苦しめている」とよく耳にします。しかしいっぽうで、3～4か月程度で就活が終了してしまう大学生も数多くいます。一般職、地域限定職を希望する女子大生です。とくに伝統ある女子大に在学する学生に多く見られるケースです。

一般職、地域限定職に絞って就活をする学生の卒業後の姿は明確です。「大学卒業後は、自分が納得する仕事に就いて、安定した生活を送りたい」というもの。そのため、プライオリティー（優先順位）がはっきりしています。

たとえば、①自宅から通えること　②土・日の週休2日　③福利・厚生がしっかりしている企業のように考え、就活を進めていきます。

メガバンクの一般職のような採用人数も多い企業が第1志望になるケースが多いのですが、プライオリティーがはっきりとしているので、第2、第3、第4……の志望企業もすぐに決まります。

昨年、私が指導した学生の場合は、メガバンク→地方銀行→信用金庫というように志望企業を決め、第2志望の地方銀行に内定しました。

これとは逆に、**プライオリティーが明確になっていないと、就活は迷走します。**これは出版業界を志望していた女子学生のケースです。本人は「自分は本が大好きなので、何としても編集の仕事に就きたい」と強く主張しました。そこで、「卒業後の自分の姿を想像して、あなたのプライオリティーはどのようになるのか」と尋ねたところ意外な答えが返ってきました。

「①週休2日　②できれば残業が少ない　③奨学金の返済があるのでボーナスが出る」

出版・編集関連の企業で「休日確約・少ない残業」を探すのは難しいでしょう。話をしていくうちに彼女も考えなおし、中堅のスーパーに志望を変え就職しました。

実例
攻略ポイント

プライオリティーのつけ方①

卒業後の人生において第一に考えたことは、「一生、人に使われて生きていくのはいや。いずれは独立したい」という法学部卒業の男性の事例です。そのためにはどのような就活をすればよいのか、彼のリポートを紹介しながら、企業選びを考ええます。

□ 法学部
□ 男子
□ 寿司職人

私は、卒業後の自分の人生を考えたとき「一生、人に使われて生きていくのはいやだ。いずれは独立したい」ということを第一に考えました。「できれば30代で独立したい」という達成目標を決めました。

しかしここからが問題です。どのようにすれば、目標が実現するのか。いろいろな人の話を聞き、さまざまな職種を調べました。

その結果、絞りこんだのは、「IT関係」と「飲食関係」という2つの業界でした。

「IT関係」はどうか。

実際に起業されている20代、30代の経営者のお話なども聞いてみました。結論は、「現在の自分には知識もスキルもない。これから必死にがんばっても、努力をしても、技術は猛烈なスピードで進化していくので、独立するだけのスキルを身につけるのは難しいのではないか」ということでした。

さらに業界も、「IT革命」と騒がれていた時代とは違い、競争はますます厳しいので、自分が成功することは難しそうだと最終的に判断しました。

残るのは「飲食関係」。

世界的な「和食ブーム」という時代の流れを考えると、和食関係には大きな可能性がありそうだと思いました。海外での寿司職人の需要も多く、修行して2～3年くらいの腕前でも、中東にいけば年収1000万円くらいの仕事も数多くあるという話もお聞きました。「開業資金を貯めるためには、海外に出てもよいのではないか」とも考えました。

寿司職人になれば、「独立」という自分の目標を達成できる可能性があるのではないかと、具体的な道筋も見えてきたような気がしました。

では寿司職人になるには、どうすればよいか。

大手のチェーン店ではなく、老舗の寿司店で修業をすれば、「技」だけではなく「ブランド」も身につくのではないかと考えました。

篠上先生からは「10年、名の通った店で修業すれば、開業資金を金融機関から借りるのも借りやすくなるはず」というお話を聞き、修行先を探しました。

そしてある老舗寿司店を見つけ、自分の思いを綴った手紙をそえて履歴書を送付しました。後日談ですが、「有名私立大学まで卒業した人間が、本当にこの世界で修行していけるのか……」と、親方もずいぶん迷ったそうです。しかし何度か面接をしているうちに、強い意思がわかったといいます。

2週間のインターンシップを経て、その後、本採用になりました。

飲食店の週休は1日。辛い「水仕事」「立ち仕事」の毎日です。私の修行も3年目に入りましたが、最近は魚もうまくさばけるようになってきました。

親方は一人前になったら将来「のれん分け」をしてくれるとも話してく

れます。まだまだ修行は大変ですが、それでも人生の目標へ、歩みは遅いが、確実に一歩一歩近づいているような気がします。親方の言葉を励みに忙しい毎日を送っています。

就活担当の目

最近の30代は「3Y」と言われることがあるそうです。「欲なし」「夢なし」「やる気なし」。このような人たちもいると言われるなかで「自分は30代になったら必ず独立する」という、10年後の自分の姿をはっきりと想像し、その「夢」の実現のための「工程」をしっかりと考えて行動する姿は評価できます。

「10年後の自分はどうなっていると思いますか」という質問は、面接でよく聞かれる質問です。企業に就職するみなさんも、「10年後の自分」についてよく考えてみてください。

実例 攻略ポイント

プライオリティーのつけ方②

子どものときからテニス一筋。大学卒業後は、大好きなスポーツにかかわる仕事に就きたいと考えていた経済学部の男性の事例です。その強い思いを貫き通した就活では、思わぬ企業に出会うことになります。

□ 経済学部
□ 男子
□ 外食業界

私は小学校の低学年の頃から、テニスラケットを握り続けています。高校時代には、都内の大会の個人戦でかなり上位に入ることもできました。休みの日は朝から晩まで夢中になって練習をするほど大好きなテニスですが、必死に練習をすればするほど、自分の能力の限界がはっきりと見えてきました。「プロ」を目指すことが途方もない夢であることは高校入学後すぐにわかりました。これが自分の人生「最初の大きな挫折」です。

テニスでは将来生活していけないことを悟った私は、勉強にも打ち込みました。そして大学受験ではスポーツ関連の勉強ができる学部を受験しましたが、不合格。これが「人生2度目の大きな挫折」です。苦手な国語が足をひっぱり、大学受験は不本意な結果になってしまいました。

大学時代は受験の後遺症（?）をひきずり、あっという間に3年間が過ぎてしまいました。

しかし、就活を始めるに当たり、自分なりに将来の仕事について真剣に考えました。そして最終的に出した結論は、「スポーツにかかわる仕事に、何が何でも就く」というものでした。

第1志望はスポーツ用品メーカーでした。どの企業も学生には人気で、応募者も大勢いました。競争率100倍以上は当たり前という状況でした。テニスでの実績を強力にアピールしましたが、2次面接、3次面接ですべて不採用になりました。

では、ほかにはどのような企業があるのか。

新聞社、出版社などのマスコミ関係。これは国語が苦手な私では志望先にはなりません。また当時、私には付き合っていた彼女がいたので、漠然とですが結婚して家庭を持つことも頭にあったので、将来の安定、収入面も考慮しました。

さらに企業研究をしているうちに、競技場のなかには商業施設があることに気づきました。私が目をつけた1社が、当時の国立競技場、野球場内、スポーツ施設周辺を中心に店舗を出していた外食産業でした。

面接試験では、「これまでテニスに打ち込んできたこと。だからこそ真剣勝負をしている選手たちの『熱気』を感じられる職場で働きたい」ということをアピールしました。

無事、内定を得ました。

そして現在、「スポーツ選手と空気が共有できる空間で仕事ができること」に大きな喜びを感じながら毎日仕事をしています。もちろん仕事中に試合を観戦することはできませんが。

入社5年目になり、副店舗責任者にまでキャリアを積み上げてきました。高校時代の猛勉強のおかげで、社内では英語力も評価していいただいています。

海外から大勢のお客様がお見えになる４年後の東京オリンピックでは、さらに大きな仕事ができるのではないかと今から期待が大きく膨らんでいます。

就活担当の目

「必死に就活を続けている人にはかならず『最良の出会い』が待っている」。これは、私がいつも就活生にかけ続けている言葉です。彼も最後の最後に望んでいた企業に出会うことができました。彼が素晴らしいのは、「１番はスポーツ」というプライオリティーにこだわりながら、それを大きく広げて企業研究をしたことです。そこから意外な企業を見つけることができました。

かつて「飛行機が大好き」という学生で、機内食をつくる会社に就職した学生がいましたが、毎日、飛行場に行くことができてとても幸せだと話していました。企業研究はできる限り広く行なったほうがよいという例でもあります。

⑧ 就活はひとりでやらない

私がいつも学生や親御さんに話す合言葉は「就活はひとりでやらない・やらせない」です。就活指導をしていてよく感じることは、**年齢の近い兄、姉にアドバイスを受けている学生の内定率は極めて高い**ということです。とくに、「受験偏差値」よりも「就職偏差値」の高い企業から「逆転内定」を獲得している学生に目立ちます。

高校受験、大学受験では、合格の仕方を教えてくれる場所やツールはたくさんあります。塾、予備校、参考書、通信教育、スマホの受験講座……。しかし就活には、マニュアル本はありますが、実際それがどこまで効果的なのかは、正直なところ「?」ではないでしょうか。

高校、大学受験はほかの多数の合格者と同じことができれば合格します。もちろん多少の違いはありますが、東京大学３０００人の合格者はみな同じようなレベル・内容の受験勉強ができた人たちです。

しかし就活では、内定者が１００人いれば、１００人とも採用された理由は違います。内定者ひとりひとりの内定獲得戦略はまったく違います。自分だけの「戦略」「武器」がなければ、勝ち残ることはできません。

プロテニスプレイヤー・錦織圭選手が世界のトップ選手になれたのは、マイケル・チャンコーチと出会ったからだと言われています。もちろん、本人の才能と努力の賜物であることは間違いありませんが、コーチの力が大変大きいものであることは事実です。

就活をひとりで行なうのは賢い方法ではありません。なかには、大人なのだから「自分のことは自分でやる」という人もいますが、それは間違いです。**本当に頭の良い人は「人の力を借りる」ことの重要性、「賢い利用の仕方」を知っています。**いろいろな人たちのアドバイスを受けながら就活をすべきなのです。

⑨ 結婚、家庭生活の将来像まで考えて就活せよ

「結婚」するかどうかは、もちろん個人の自由です。しかし、経済的な理由から独身のまま年齢を重ねていく人が多いことも事実です。また、結婚してもやはり経済的な理由から「子ども」を持つことを諦めている人たちもいます。

たとえば共働きの夫婦。ひとりの年収が２００万円なら年収は２人合わせて４００万円です。月収にして約33万円。しかし、子どもができてひとりが働けなくなると、年収２００万円、月収約16・６万円で家族３人が暮らしていくことになります。とくに家賃負担の大きい都会では、この夫婦が子どもをつくることは経済的に大変難しくなります。

正規・非正規別の未婚率

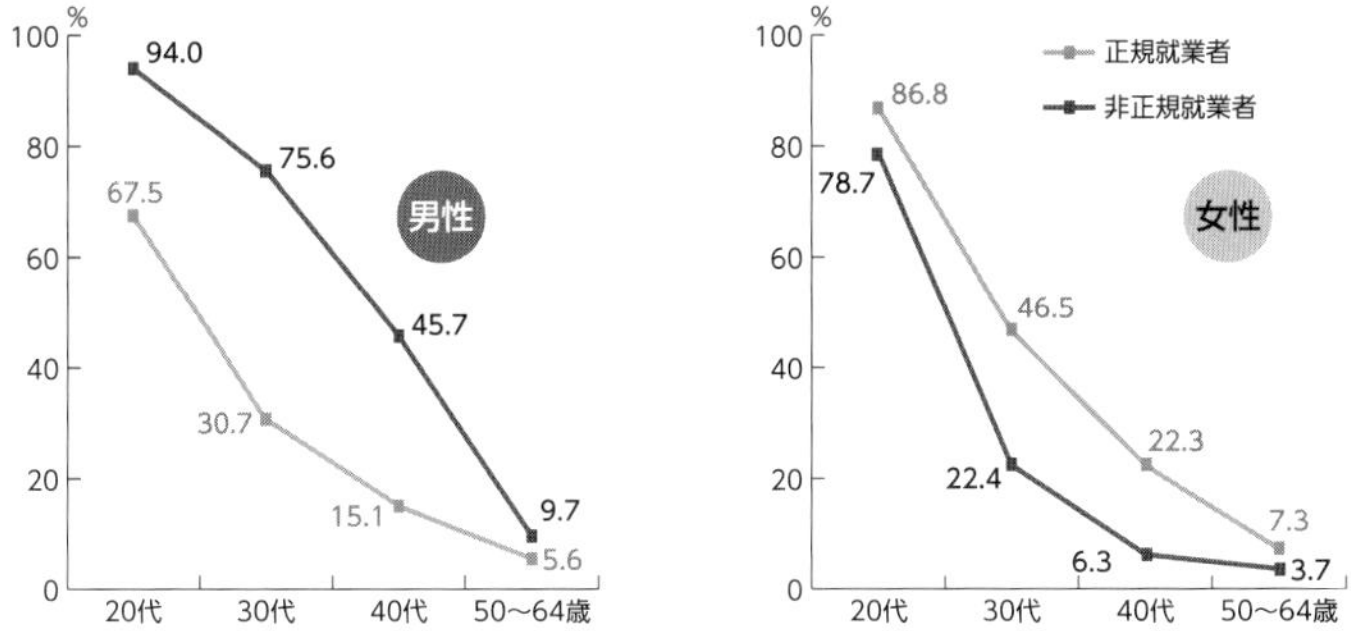

（厚生労働省「平成22年社会保障を支える世代に関する意識等調査報告書」より）

上のデータを見てください。未婚率に関するものです。とくに男性の非正規就業者の未婚率が高いことに注目です。40歳代では約3倍も未婚率が高くなっています。いっぽう女性の場合、「正規就業者として働き続けるため未婚である」「結婚後、正規から非正規に働き方を変える」という理由から男性との数値が逆転しているのではないかと思われます。

また、内閣府による「平成22年度結婚・家族形成に関する調査報告書」のなかで、年収別の婚因率が示されました。それによると、年収600万円までは、男女とも年収が上がれば上がるほど、既婚率も上がることがわかっています。

仕事の内容だけではなく、将来の生活も考えて就活に取り組むことの重要性を示しているのではないでしょうか。

⑩ 履歴書に書く資格はマイナス評価になる

「就活のために、何か資格を取ろう」。こう考える学生は大変多くいます。周囲から勧められることも多いのでしょう。しかし残念ながら（当然ながら？）、履歴書に書く「資格」は就活を有利に進めるための「武器」にはなりません。むしろ、資格を書き並べると、かえってマイナスに評価されることもしばしばです。履歴書に書くために資格取得に励むのは「自分に対する自信のなさ」をアピールするようなものです。

採用は学生の「現在の力」を評価して行なわれていません。企業が採用したいのは「将来、大きな力を発揮してくれる人材」です。

資格取得のために勉強する時間があるのなら、社会勉強になる「アルバ

イト」でもしたほうが、よほど就活に役立ちます。

それでも、もし資格を取るのなら入社後の実践で役に立つ資格、または会社から取得を奨励される資格を取ってください。

たとえば、不動産業界を志望する人には「宅地建物取引士」の資格をお勧めします。不動産の売買・賃貸契約の前に行なわれる重要事項証明書の説明・交付は、宅地建物取引士によって行なわなければなりません。

さらに、不動産業の事務所で働く5人にひとりの割合で宅地建物取引士を置くことも義務付けられています。この資格取得者には毎月数万円の手当を出している企業もあるほどです。

かつて私が指導した学生に「フォークリフト運転者」の資格を取得した男子学生がいました。就活の際、この免許で、「倉庫業」が第1志望であることを強力にアピール。結果、東証1部上場の大手倉庫業社に内定しました。受験偏差値がそれほど高くないこと、かつ、留年経験というハンデを背負っての「逆転内定」でした。これくらい珍しい資格なら「強力な武器」になり得るのです。

⑪ 1次面接が通過できないという人の共通点

就活の1次面接の最大のポイントは「明るさ」です。「輝き」と言い換えてもよいでしょう。表面的な明るさではありません。自分の体全体から発せられる「明るさ」「輝き」です。これは毎日の生活、生き方から醸し出されるものです。「The eyes are the windows of the heart（目は心の窓）」ということわざがあるように、**人の心の様子は、とくに「目」に現われるもの**です。自分に自信がある人はきちんと相手の目を見て話をしますが、自信のない人は視線を合わせようとしません。

人は、周囲に認められ、期待されることで、自分の才能をどんどん開花させていく生き物です。それを示すような話をひとつ紹介しましょう。

私は高校生とも会う機会も多いのですが、有名進学校に進みながら、成績下位グループの生徒たちを見ていると、「下を向いて」毎日を生きているという感じです。周囲に期待されることなく中学・高校の6年間を過ごしていたためでしょうか、入学前に比べ大学進学時の偏差値が20～30も下がったという生徒もいます。片や、廊下ですれ違ったとき、明るく元気よくあいさつをしてくれるのは成績上位の生徒たちばかりなのです。

じつは大学生も同じです。偏差値上位校の下位層の学生よりも、次のランクの大学の上位層のほうが、内定率が圧倒的に高いという事実があります。大学4年間、周囲から期待され自分でも充実した毎日を過ごしてきた実感があるので、目が輝き、体全体からエネルギーを発しているのです。

また勉強以外の体験も豊かな人が多いようで、面接での重要項目「大学時代に力を入れたこと」という質問にも堂々と答えることができるのです。

でも、「自分は下位層だからだめか」と諦めないでください。**3か月あれば自分を変えることはできます。**とくに、なかなか1次面接が通過できないという人は、ぜひ次ページで紹介する方法に取り組んでほしいと思います。

実践メソッド

明るい自分をつくる方法

年商約50億円の教育関連会社を経営する社長さんの話からです。

――いや～、会社の経営は難しいです。売上げには当然波があります。売上げが思うように上がらない月が続くと、それこそ、夜も眠れない日が続きます。会社に行けば従業員が「うちの会社大丈夫かな……」と陰で話をしているのではないかという疑いも湧いてきます。

会社の業績が思うように上がっていないときは、私は1日何回もトイレに入ります。トイレに入り鏡を見ながら、とびっきりの笑顔になるまでこもるんです。傍から見たら、さぞ滑稽な光景でしょうね。満足いく笑顔ができたら、自分の顔を何度か「パンパン」と叩いて、気合をいれてからトイレを出ます。

とくに役員会の前などにはこの効果はてきめんです。開始前「会社は大丈夫だろうか」「社長に怒られるのでは……」と不安な空気が会議室に漂っているのですが、「いやー、お待たせ、お待たせ！」と明るく入っていくと、室内の空気は一変します。「社長があんな顔をしているのだから、大丈夫だ」とみな安心するのです。寅さんの『男はつらいよ』ではなく、『社長はつらいよ』ですよ。――

学生に笑顔をつくる練習をしなさいと言うと、「何でそんなことを？」「そんなことに効果があるの？」という顔をされ、ほとんどの人に練習の大切さを理解してもらえません。

そのようなときに話すのが、笑顔をあえてつくってがんばっているこのような経営者のエピソードです。あるマザーズ上場企業の社長は仕事で辛いことがあると、「自分の顔をパチパチ叩きながら家の周囲を3周くらい歩き、表情が明るくなったなと思ってから『ただいま！』と言って家に入る」

とおっしゃっていました。家族に心配をかけたくないという思いとともに、自分が気持ちを切り替えないと、明日から前向きに仕事に取り組めないからだそうです。

企業の経営者がこれだけ苦労して、自分の表情に気を遣っているのに、学生のみなさんが「不安だから」「自信が持てないから」という理由だけで、暗い表情で会社説明会や面接試験に臨むというのはいかがなものでしょうか。

ここは気合を入れて、元気よく、明るい笑顔で就活に臨むべきではないでしょうか。

笑顔の練習方法はじつに簡単です。

毎日、鏡に向かって10分間、最高の笑顔をつくる練習をしてください。「自分は絶対に内定をとるんだ」という、強い気持ちも湧いてくるはずです。

さらには、自分は「声が小さい」という人は、「こんにちは」「おはようございます」「よろしくお願いします」など、大きな声を出す発声練習を同時に10分間行なってください。

「笑顔」や「大きな声」が、いかにビジネスの世界で大事なことであるのかは、開店前の銀行やデパートの前に行ってみると実感できます。

毎朝、社員たちが整列してにこやかな笑顔をつくりながら大きな声で「おはようございます」「いらっしゃいませ」と練習しています。

とくに、なかなか1次面接が通過しないという方は、この「笑顔をつくる」「大きな声を出す」という練習をすぐに始めるべきです。1次面接通過のための最大のポイントは「第一印象」です。第一印象を変えれば、先に進めるチャンスはかなり大きくなります。

「小さなことを積み重ねることが、とんでもないところへ行けるただひとつの道だ」。数々の大記録を打ち立てたイチロー選手の名言です。

笑顔をつくる練習と声を出す練習を続け、内定を勝ちとった学生はたくさんいます。毎日の積み重ねが、「内定」という大きな成果を得ることになるのです。

実例
攻略ポイント

自分を変えて内定をとる

1次面接は20連敗。「明るい自分」に変えることで、絶望的なこの状況を一変させた女子学生のレポートです。まず始めたのは、良い意味で「自分の外面」を改善する努力でした。「自分を変えよう」と決意してから面接に臨んだ21社目で、涙の内定獲得でした。

□ 法学部
□ 女子
□ 食品会社内定

9月30日、この日は私の22回目の誕生日です。しかし、私はベッドから起き上がることができませんでした。友人からの「誕生日おめでとう」というメールにも返信することができません。毛布をかぶり、こぼれ続ける涙をどうすることもできないのです。

翌10月1日は多くの企業の内定式が行なわれる日です。楽しそうに内定先企業の話で盛り上がる友人たちを、避けるようになっていました……。

就活の辛さ――。これは経験した者でなければ、決して理解できないものだと思います。企業を探し、企業研究を行ない、説明会の申し込み・参加、エントリーシートのたくさんの課題と格闘し、履歴書に企業ごとの志望理由を考えて書く……。やっと面接にこぎつけても、たった10分の面接で自分の評価が決まる。私は20社連続1次面接で落とされました。

9月初め、卒論の相談でゼミの先生をお伺いしたときのことです。就活の状況を聞かれた私は、話の途中で涙がこぼれ出し20分くらい泣き続けました。

そのような私を見て、ゼミの先生は篠上先生に相談するようアドバイスをしてくれ、面談の予約を取ってくださいました。

それから数日後、篠上先生との面談の日です。先生にこれまでの就活の状況を詳細にお話しました。面談を始めて、2時間近く経過していたでしょうか。先生は私にこんな質問をしました。

「○○さんは、どうして1次面接を通過できなかったと思いますか」

「前回、受けた会社では志望動機がうまく言えなくて……」

「うーん、その会社では志望動機をうまく答えられなくても、別の会社ではうまく答えられたこともあったでしょう？　受けた会社、全部で落とされたということは、きっと別の理由があるよね」

「別の理由ですか……」

「私は○○さんにお会いして、すぐにわかったことがあるのだけれど、言ってもいいかな？　もし頭にきたら目の前にあるもの投げつけてもかまわないから……。○○さんとこうやって2時間近くお話しすると、能力の高さはよくわかる。でも、正直言うと、第一印象が良くないよね。こんなことを言ってごめんなさいね」

「えっ、やっぱりそうですか！　私もなんとなくそう感じていました。友人からも『元気ないね、どうかしたの』ってよく言われます」

そこから「明るい自分」に変える方法をご指導いただきました。さらに先生はこのようなことをお話しくださいました。

「『外面』って言うと、何か自分を偽っているようで、悪いように思うかもしれないけれど、じつはみんなやっていることだよね。芸能人の多くはテレビカメラの前とふだんの様子はまったく違うし、それから、一番わかりやすいのは、お母さんたちかもしれない。家で『何でこんなにテストの点数が悪いの！』ってまるで鬼のように子どもを怒っている最中に、携帯が鳴ってママ友と話し出す。『あっ、××さん、お元気ですか』なんて、甲高い声で別人のように話し出すでしょう？　大人の世界では『外面』をつくることは当たり前じゃないのかな。それなのに就活生は『自分は気が弱いから』なんて言って暗い顔で面接を受けに行く。就活生も面接で好印象が持たれるよう努力する必要があるんじゃないのかな……」

それから2週間、私は自分を変える努力をしました。そして、9月30日午後1時13分、私のスマホが鳴りました。初めて1次面接、2次面接を通過した食品会社からの連絡でした。「突然で大変申しわけないのですが、もしご都合がよろしければ、明日10月1日10時からの内定式にお越しいただけないでしょうか？」

22回目の誕生日に、私は自分を変えることで内定という最高のプレゼントを手にすることができました。

⑫ 内定をとるために週2日はアルバイトをする

内定がなかなかもらえない、あるいは、積極的に就活を行なうことができない。そのような学生のなかには、アルバイト経験が少ない、あるいはまったくアルバイトをしたことがないという学生が多いように感じます。

そもそも、たとえ内定をもらい、無事に入社式を迎えることができたとしても「アルバイト」という社会経験もないのに、いきなり「週5日フルタイムで働く社会人」になるのには、無理があるのではないでしょうか。

現実に起きている深刻な問題として、あまりにも早く離職する若者の存在があります。苦労して正社員になったのに、入社数か月で会社を辞める若者が急増しています。一昨年、ある大学の先生から聞いた話では、ゼミの卒業生で「自分には合わない会社だ」と言って、わずか入社3日で辞めた学生もいたそうです。

言うまでもないことですが、アルバイトをすれば、社会の仕組み、仕事に対する姿勢をある程度は学ぶことができます。「お金を稼ぐことの意味」「企業はどのようにして利益を出しているのか」など、知る機会を得られます。また、あいさつの仕方、言葉の使い方といった社会人としての最低限のマナー、ルールも身につけることができます。**学生社会とは大きく異なる企業社会に出ていくための、準備・予習ができるのがアルバイト**なのです。

就活で成功するためにも、「週2日くらいのアルバイト」を勧めたいと思います。

賢い人は、アルバイトをしながら自分の「武器」を見つけます。たとえばマスコミ関連の会社でアルバイトをしていた人が、広告代理店、出版社、番組制作会社などの人気企業に就職するケースは多いものです。働きながら深く仕事の内容や業界について知ることができるので、何をアピールすればよいのか、どのように「戦略」を立てればよいのかが見えてくるのです。

第2章

就活生が見落としている間違いだらけの企業選び

「憧れを持ちすぎて、自分の可能性を
つぶしてしまう人はたくさんいます。
自分の持っている能力を活かすことができれば、
可能性が広がると思います」

（メジャーリーガー　イチロー）

①

ブラック企業かどうかを決めるのは周りではなく本人

私の行なっている大学の授業で、人気のあるテーマのひとつが「ブラック企業について」です。個人面談や相談の機会にもこの質問をよく受けます。ブラック企業についての定義、判断基準など、その見分け方はあちらこちらで語られていますが私の答えはこうです。

「ブラック企業かどうかは、本人が決めること」

よく、休日が少なく労働時間の長い企業がブラック企業と言われています。もしそうだとすれば、日本を代表するブラック企業は、中央官庁と新聞社・テレビ局・出版社などのマスコミ関係ということになるのではないでしょうか。毎年、年末の予算編成の時期になると、「2～3週間家に帰っていない」

という官僚が霞ヶ関には大勢います。

また、ある新聞記者の話ですが、新婚旅行から帰った翌日から、忙しさのあまり1か月も家に帰れず、奥さんが実家に戻ってしまったという人がいます。部屋の家財道具も全部無くなっていたそうです（ご安心ください。その後、謝りに謝ってやっと奥さんは戻ってきてくれたそうです）。

当たり前のことですが、官僚の方も、新聞社・テレビ局・出版社に勤める方も、みな自分の勤務先がブラックだと言いませんし、思っていないはずです。私は**ブラック企業かどうかの判断基準は、「労働」に対しての「利回り」の高低にある**のではないかと考えます。

たとえば飲食業界。給料だけを求めて働けば、長時間労働、深夜の仕込み……、すべて自分にとって無意味です。しかし将来、自分が独立したいと思っている人にとってはどうでしょうか。将来得ることができるかもしれない「飲食店オーナー」という利回りの大きさを考えれば、給料をもらいながら学べる現在の仕事は、大変ありがたいものになるはずです。**ネットやマスコミの情報だけで単純に企業を判断してはいけない**のです。

② 幸せに働けるかどうかと企業の規模は比例しない

人は周囲から評価され認められることで大きな「喜び」を感じます。逆に、自分は「がんばって成果も上げた」と思っているのに評価されなければ、それは大きな「不満」になってしまいます。会社においての自分の評価がはっきりと誰の目からもわかるもの、それは与えられた「地位」です。「課長」「部長」「役員」……、多くのビジネスマンの関心事は「人事」です。地位によって、仕事の権限だけではなく収入も大きく変わるからです。

以前取材を受けた新聞記者の方から、次のような話を聞きました。

「最近、日本を代表する有名大企業で働く多くの社員たちからも、不満をよく聞くんです。『自分の子どもはサラリーマンにしたくない』『プロスポーツ選手にしたい』。なかには『アイドルにしたい』からと芸能プロダクションにせっせと履歴書を書いている父親もいるんですよ。かなりの高収入なのに、それでも不満があるんですね」

近年、医学部志望の高校生が増え続けていますが、会社員である親から「理系なら医学部に」と強く勧められているケースによく出会います。

組織では「なんであの人が部長になるの？」と、多くの人が理不尽に感じる人事がふつうに行なわれています。巨大組織のなかでは、個人が埋もれてしまうことも多いのでしょう。

大手メガバンク、大手地方銀行から内定をもらった男子学生がいました。私と2人で進路相談をしましたが、わずか数分で結論は出ました。採用数から考えるとメガバンクだと1000分の1、しかし、大手地銀なら30分の1の確率。しかもかなり期待されているようなので、将来、銀行トップの「頭取」を目指すこともできるかもしれない……。彼は大手地銀を迷わず選びました。私は、学生たちに「将来、出世できる可能性が高いかどうか」ということも考えて進路を決めるようにアドバイスしています。

③ 初任給を見て企業を選ぶな

「採用試験を突破し、何年間もがんばって働いた。仕事もやりがいを感じている。でも将来を考えると不安が……」という理由で、職場を変えざるを得ない人たちが増えています。30歳前後がひとつの転機になるようです。入社して10年も経てば、社会の状況もわかり、勤めている会社、仕事の将来もかなりはっきりと見えてくるのが、これくらいの年齢なのでしょう。

離職・転職者の「将来への不安」のほとんどは「将来の所得に対する不安」です。仕事に対する満足度は高いにもかかわらず、多くの人たちが離職する介護の仕事は、その代表例かもしれません（私はこれからますます社会で必要とされる介護関連の職場に夢が持てるよう、ぜひ政府に改善していただきたいといつも訴えています）。

正規雇用と非正規雇用の大きな違いのひとつは、先にも述べたように給料に対しての利回りの違いです。これが所得格差になります。

あるＩＴ関係の孫請け会社を30歳で離職した人の場合です。毎日帰宅は終電近く、休日出勤も多かったそうです。そのうえ30歳になっても年収は３００万円ほど。大学卒業時の年収は２４０万円だったので、８年間で６０万円しか増えていないことになります。なぜ年収が上がらないのか。それは高度なスキルが求められる仕事ではなかったからです。転職はなんとか果たしたものの、それまでにスキルアップを図っていなかったため、結果、年収は50万円下がったそうです。

給料の利回りが高いかどうかは、企業選択の判断材料のひとつです。「将来給料が上がる」という見通しがあれば、辛いこと苦しいこともがんばることができるでしょう。多くの場合は、スキルやキャリアがアップするから給料も上がるのです。「明けない夜はない。かならず朝は来るから」という将来への期待が持てる企業を探してください。

④ ボーナスの支給額も企業選びの指標である

長期的に将来を考える場合には、前項で取り上げたように「年収」を考えることが大事です。しかし、短期的に生活を考える場合には「ボーナス（賞与）」も重要です。最近は年俸制を取り入れている企業も多いようですが、まだまだ日本企業の多くはボーナスの制度があります。大学で授業をしていると、このボーナスという言葉は知っているものの、具体的に理解している学生はそれほど多くないようです。

たとえば12月は、ボーナスが20万円×2か月分＝40万円。それに給料の20万円が支給されますから、合計60万円の収入になります（所得税、社会保険料、諸手当等をあえて考えず、概略をイメージできるようにしました）。

ボーナスの支給と年俸制の違い

● ボーナスなし
(残業、住宅等の諸手当は除く)
基本給20万円×12か月=**240**万円 ← 年収

● ボーナスあり
(年2回のボーナスで基本給の2か月分支給の場合)
基本給20万円×12か月分+20万円×2か月分×年2回=**320**万円 ← 年収

● 年俸制
(年収300万円の人の場合)
300万円÷12か月=**25**万円 ← 毎月の給料

ボーナスが支給される企業に勤めている人、または公務員などは、給料で毎月生活し、ボーナスで貯金や大きな買い物をするというのが一般的です。独身者の場合にはボーナスで海外旅行などという人もよく見かけます。

またボーナス・給料の支給日は異なる場合が多くなっています。公務員の場合12月のボーナスの支給日は10日前後、給料日は20日前後です。街中が年末・クリスマスセールで賑やかになるのもボーナス効果が大きいためです。

求人票を見る際には、社会に出てからの生活に大きく影響するボーナスの欄もよく見てください。ただしボーナスは企業業績に大きく連動するものなので、不確定な収入であることは覚えておいてください。

⑤ 「有名・人気企業＝優良企業」の公式は当てはまらない

私たちは日常的に、商品、サービスあるいはテレビなどの広告を通して企業とかかわります。その機会が多ければ多いほど、企業名が頭のなかに刷り込まれていきます。しかし注意しなければならないことは、企業の知名度＝優良企業にはならないことです。

たとえば、大量に広告・宣伝を打つ企業があります。なぜ多額の広告・宣伝費をかけて消費者にＰＲするのでしょうか。その理由を考えたことがありますか。

それは他社の製品・サービスとの決定的な違いがないため、イメージで差をつける方法でしか顧客を集めることができないからという場合があり

平均年収が高い順から見たBtoB企業の一例 ＊総合商社など人気企業ランキングに入る会社は除く

企業名	事業内容	平均年収（カッコの数字は高年収300社ランキングでの順位）
キーエンス	センサなどの検出制御機器の製造	1440万円(2)
野村総合研究所	金融分野のシステム開発・構築	1091万円(17)
日本オラクル	クラウドアプリケーション	1010万円(26)
東洋エンジニアリング	プラント建設	999万円(28)
日揮	エンジニアリング	983万円(34)

（東洋経済「平均年収が高い300社ランキング」2015年より）

ます。かつて倒産した外国語学校などがその好例でしょう。仮に画期的に語学力を伸ばすことができる教材や指導法があるとしたら、大量のCMを流さなくても生徒はたくさん集ったはずです。

いわゆるBtoB（企業間取引を行なう企業）企業の多くは、一般にはあまり知名度が高くありません。上のデータを見てください。BtoB企業だけを抜き出してみました。どこも日本を代表する優良企業です。隠れた優良企業はたくさんあるのです。

また知名度が低いぶん、同じような企業規模・業績のいわゆるBtoC（一般消費者と取引を行なう企業）企業に比べ応募者も少なく、穴場的存在になっているケースが多く見られます。

⑥ 規模、業種、職種以上に大事なのは「会社の雰囲気」

会社も学校も同じです。「毎日働いていて（通っていて）幸せかどうか、楽しいかどうか」は、周囲の人間関係が大きく影響します。大学でも、会社でも、入る前は偏差値や評判・知名度などの評価が気になるかもしれません。しかし入れば、その内部の居心地の良さも重要になるはずです。

どれだけ憧れの会社、熱望した職種に就くことができたとしても、上司や先輩、同僚に恵まれなければ、すぐに出勤することが嫌になってしまうのは目に見えています。

会社説明会、OB・OG訪問など、できる限り会社に足を運び、社内の空気を感じてください。いくらホームページや会社案内を見ても、会社の

初めて勤務した会社を辞めた主な理由（複数回答可3つまで）

① 労働時間・休日・休暇の条件がよくなかった……………22.7%

② 人間関係がよくなかった……………………………19.6%

③ 仕事が自分に合わない………………………………18.8%

④ 賃金の条件がよくなかった…………………………18.0%

（厚生労働省「平成25年若年者雇用実態調査」より）

雰囲気まではわかりません。

上の表を見てもわかるように、勤務した会社を離職した理由の第2位が人間関係です。

毎年多くの学生から次のような話を聞かされます。「初めはとりあえず会社説明会に参加してみようと思っていた程度だったのですが、面接官や役員の方、社長さんがとても良い方で、何度か足を運んでいるうちにここに入りたいと強く思うようになりました」。これはとても正しい選択です。

私は就活相談には答えられますが、会社の「雰囲気」「相性」までは答えられません。自分で実際に行ってみないとわからないことなのです。できるだけ多くの企業に足を運び「いいな」と思う企業に出会ってほしいと思います。

⑦「働いたから給料が出る」と思うな

企業は、言わずもがな利益を上げることを目的とした集団です。そして売上げや利益から、そこで働く人たちの給料が支払われます。自分は入社後こんな仕事をする↓それにより売上げが上がる↓給料がもらえる。このように、自分に給料が支払われる過程を想像してみてください。

決して働いたから給料が湧いて出てくるわけではありません。企業にお金が入ってくるから給料をもらうことができるのです。

世の中には働いても給料がもらえない人たちもたくさんいます。何か月分もの給料の遅配がある人や、中小・零細企業の社長さんたちのなかには、自分は給料をもらっていないという人も大勢います。

よく「営業の仕事は大変だ」という話を聞きますが、朝から晩までがんばっても売上げにつながらなければ、会社にお金は入ってきません。当然上司からのプレッシャーもかかります。しかしだからこそ、営業の仕事は面白いという人たちもいます。某大手ハウスメーカの求人広告には次のように書かれていました。

営業社員：年収４００万円～1億円

役員候補：年収６００万円～２０００万円

住宅の営業担当者には契約が成立すれば一定の「歩合給」が入るケースがあります。役員の年収の何倍も稼ぐ営業担当者は大勢います。この求人広告のように、年収に大きな幅ができるのは、給料は売上げ次第ということです。営業の仕事が大変なのは、売上げの数字が個人別または部門別ではっきり出てしまうことでしょう。

時給計算のアルバイト感覚では、職場に拘束される時間分の賃金が、当然支払われると考えるでしょう。しかし正社員は、会社の売上げを上げることで自分の給料が出るのだと理解しなくてはいけません。

⑧ 志望企業が低価格競争をしているときは要注意

商品やサービスの価格がどんどん下がっていくことは消費者としてはありがたいことなのですが、企業で働く人間には歓迎すべき事態ではないことが間々あります。商品やサービスの価格を下げるために、企業は何を行なうのでしょうか。「原材料費を下げる」「水道光熱費を節約する」「事務所家賃などの固定費を削減する」。企業はありとあらゆる努力をします。

経費のなかでもっとも削減しやすいものは人件費です。給料・ボーナスをカットする、社員・アルバイトを減らす……。たとえば年収600万円の社員をリストラしてその仕事を年間200万円で派遣社員に任せれば、人件費は3分の1になります。今まで5人で行なっていた仕事を4人で行なうようにすれば、ひとり分の人件費が減ります。しかし現場ではその分を残りの人がカバーすることになるので、ひとり当たりの仕事量が増えます。

このように考えると、低価格競争をしている企業については、時間をかけてしっかりと企業研究を行なう必要がありそうです。**もしライバル会社と「チキンレース」のようなことをしているようであれば、業績が急激に悪化することもある**からです。

チキンレースとは、『理由なき反抗』というジェームス・ディーン主演の歴史的名画の場面から有名になった言葉です。競い合う2人が断崖に向けて車を同時に走らせます。先に車から飛び降りたほうが負け。チキン（臆病者）とレッテルを貼られることになります。でも飛び降りるのが遅れれば、崖から転落し命を落としてしまいます。

適正な企業努力で価格を下げ、企業業績を伸ばしているのなら、それは素晴らしいことです。しかし、ライバル会社とチキンレースをしているならば、崖から落ちるような事態に見舞われるかもしれません。疑問を感じたら、まずはキャリアセンターなどで相談してみることです。

第3章

インターンシップ・会社説明会で早々に内定をとる

「困難は避けるものではなく、解決するものである」

（日産自動車ＣＥＯ　カルロス・ゴーン）

① 会社説明会と大学のオープンキャンパスはまったく違う

「この間、説明会に行ったんですけど、そのとき『面接の連絡を後日差し上げます』って言われたんですが、その後連絡が来ないんですよ。まあ、とくに行きたい会社でもないから構わないんですけど……」

就活に苦労している学生からよく聞く言葉です。このような学生が、就活に苦労するのは当たり前と言えば当たり前です。会社説明会を大学のオープンキャンパスのようなものだと勘違いしている節があるからです。

会社説明会は自分が企業に選んでもらう場です。オープンキャンパスとは180度立場が違います。決して勘違いしないように。企業は優秀な社員を採用したいために、優しく接してくれたり、熱心に説明してくれたりするのです。「買い手」は企業です。

就職協定の問題もあり、会社説明会は「採用の場」ではないと言われます。しかし、これはタテマエに過ぎません。考えてもみてください。企業は利益を追求するための集団です。その企業が多額の費用と手間をかけて説明会を行なっているのです。そのような場で、自社の利益、つまり「優秀な人材を採用する」という行動を起こさないほうが不自然でしょう。

会社案内の受け取り方、説明の聞き方、会場内での企業担当者とのかかわり方すべてが「選考」です。予め知らされていなかった適性検査・ミニテストの類を行なうのは、学生を「選ぶ」ためというより、はむしろ「落とす際のアリバイづくり」と考えたほうがよいケースが多いのです。「後日、面接の連絡をします」と説明があったのに連絡が来ない場合、学生の大半はその理由をこう考えます。「適性検査がよくなかったからかも」と。

しかし連絡が来ないのは、会場内で印象が良くなかったため1次面接に進めなかったと考えるべきでしょう。人事のプロともなれば、第一印象で、かなり正確な人物評価ができるものです。

②「採用偏差値」を知りたいならインターンシップに応募する

インターンシップは、本番の採用人数にくらべて、参加できる人数がきわめて少なくなっています。インターンシップでは学生がさまざまな経験ができますが、企業にとっては手間も経費もかかることなので、受け入れ人数が制限されることは当然のことでしょう。人気企業のなかには競争率数百倍という「難関」企業もあります。

しかしそうは言っても、どこの企業も「参加し放題」というような学生がいることも現実です。昨年夏には、応募した複数の中央官庁、広告代理店、外資系企業からすべて「参加通知」をもらっていた女子学生もいました。

いくら応募しても参加できないのは、企業が考えている「採用偏差値」

より自分が低い位置にいるという現実を謙虚に受け入れるべきです。

だからと言って就活を諦めろということではありません。企業の実際の採用枠は、インターンシップの受け入れ枠よりもかなり広がっているからです。しかし、インターンシップで落とされた企業ばかり回っていると、いつまで経っても「内定ゼロ」という危険性が高まります。「採用偏差値」を考えながらバランスよく、現実的な就活を行なうことが重要です。

これとは逆に、たとえ1日でも、インターンシップに参加できた企業があれば、自分の「採用偏差値」が見えてきます。たとえば「大手不動産会社のインターンシップには落ちたけれど、中堅の同業社のインターンシップには参加できた」ということであれば、同レベルの同業社からは内定がもらえる確率が高いと考えられます。もちろん、さらに業界研究を進め、同時に大手企業にチャレンジすることもできます。

インターンシップは「社会に出る」ための勉強ができるだけではなく、同時に自分の「採用偏差値」がわかる絶好の機会になります。

③ インターンシップを「お試し」の場と考えない

「就職協定」は迷走を続けていますが、現実に起きていることは次のようなことです。戦力になる優秀な人材を少しでも多く確保したいと思っている企業の採用活動は、通年で行なわれています。なかには大学1年生に内々定を出しているような企業もあるほどです。しかし多くの企業では、採用活動を開始するのは、大学3年生の夏休みのインターンシップからでしょう。

2016年4月採用の学生の場合、一例をあげれば、1部上場の某ＩＴ関連企業は、2014年8月に行なったインターンシップに参加した学生に、「内々定」という言葉こそ出さなかったようですが、2014年11月から実質的な内々定を出しはじめました。

２０１４年秋以降、多くの企業でインターンシップ参加者の学生のなかから「これは！」と思う学生の実質的な囲い込みをはじめていました。「インターンシップ同窓会」のような形式で、定期的に集まりを持ち、「もう決まっているからね」という暗黙の意思表示を続ける企業もありました。そのような集まりを重ねることで「もはや断れないな……」と早くから入社意志を固めている学生が大勢いました。

じつは、「就活は大変だ、大変だ」と世間が大騒ぎをしているなかで、大学３年生の冬には、実質的に就活が終了していた学生もかなりの数にのぼっていたのです。

30分程度の面接試験とは違い、短くても1日、長いと数週間にわたり学生と企業が接触をするインターンシップでは、学生も企業もかなり深い部分までお互いを知ることができます。学生にとっては、ここで評価されれば、もう「内定」が目の前にあるような状態といえます。**インターンシップは、いわば内定への「特急券」をもらうようなもの**かもしれません。このチケット獲得のために努力することを惜しんではいけません。

④

他社の内定が自分をアピールする武器になる

みなさんも次のような経験があるのではないでしょうか。誰もお客さんがいなかった店なのに、何人かで買い物をしていたら、いつの間にか自分たちの後ろに行列ができていた……。マーケティングの用語に「バンドワゴン効果」というものがあります。これは「ある商品やサービスを消費する人が多ければ多いほど、顧客はその商品・サービスによって得る満足度が増加する」というものです。人には「大勢の人が良いと評価しているものは自分も良いと判断してしまう」という傾向があります。人は行列に弱いのです。

他社からの内定実績は、すでに「多くの人から評価されている」という、

いわば「保証書」のようなものです。逆に就活を何か月もしているのに「内定ゼロ」では、企業側にしてみれば「不安感」が生まれることになるでしょう。

就活をこれから始めようというみなさんには先の話ですが、一般的には「30歳までの転職は前職の企業レベル」で決まります。30歳はまだまだ若手なので、仕事での大きな成果を売り物にすることができる人はそう多くはいません。したがって転職先企業の評価は「大卒時に入社した会社のレベル」ということになりやすいのです。

私の塾の卒業生で外資系金融機関に勤務する20代後半のOBがいるのですが、ハードワークのせいもあり同僚の9割がすでに退職しているそうです。しかし、みな転職先はすぐに決まり、それがすべて日本を代表する大手企業ばかりだそうです。「数百倍の難関を突破した人材なら、自社の戦力になるのではないか」と企業は判断している証しでしょう。

本命企業の面接の際に、これまでの内定実績を語れる人は、内定を獲得できる確率が断然高くなります。まずは内定がもっともとりやすい、インターンシップ先の企業から攻めていくことをぜひ検討してみてください。

⑤ 極秘開催のインターンシップにはありとあらゆる人脈を使え

就活ナビの登場は就活に革命をもたらしました。それまで紙媒体で就活情報提供を受けていた学生に比べ、現在の就活生は企業研究や実際にエントリーする機会が飛躍的に増えました（ひと昔前の学生は、会社案内の請求や説明会の参加申し込みの際は手書きのハガキを企業に送ったものです）。当然企業側もサイトを利用することで、応募者数が桁違いに増えました。

しかし、便利さに反比例するかのように多くの問題も生まれつつあります。「あまりに多くの応募者に物理的に対応しきれない」「応募者は多いが、本当に欲しい学生になかなか会えない」という、企業側からの不満が高まったのです。就活ナビの利用をやめる企業も珍しくありません。かつて採用枠30人に3万人ものエントリーがあったロート製薬では、ファーストコンタクトを往復はがきのやり取りから始めています。

そうは言っても就活ナビは情報収集のためには欠かせないものです。そこでナビだけではなく、同時に別の方法でも優秀な人材を集めることを模索している企業も増えているのです。私の経験では次のようなケースもありました。2015年2月、私のもとに一通のメールが送られてきました。それは「日頃お世話になっている皆様からご紹介していただいた学生さんを対象とした1DAYインターンシップを開催する」というものでした。この会社は、学生にも知名度の高い広告関連会社です。私が紹介した男子学生は参加後、数回の面接を経て4月末には内定を獲得しました。

先輩、知人、親戚、大学教員、キャリアアドバイザー……、ありとあらゆる人脈を使い、このような「極秘開催のインターンシップ・説明会」の情報を探ってみることです。「お食事会」「勉強会」「交流会」といった名目で、企業は学生とコンタクトを取ろうとしているのですから。当然のことですが、このような場に参加することができれば内定獲得の可能性は高くなります。

⑥ 訪問相手が見つからないなら人事に手紙を書き続けよ

メガバンクなどの金融機関では、企業との接触回数を記録しているところもあります。OB・OG訪問、セミナー、説明会など、訪問回数を「入社への熱意」のひとつの判断材料にするためです。企業への訪問回数が重要である理由はこれだけではありません。会社の「生」の情報を聞く回数が増えれば、おのずと企業研究が深まります。履歴書・エントリーシート・面接の質問に対する回答も内容の濃いものになるでしょう。

一般的には、ゼミ・サークルの先輩などを個人的に探してみる↓見つからないときはキャリアセンターに相談して卒業生を紹介してもらう。このようなアプローチになります。しかし大学や学部の歴史が浅く、卒業生がその企業に在籍していない場合もあります。この場合はその企業を受けることを諦めなければならないのでしょうか。

私は訪問相手が見つからない場合は、学生たちに「手紙作戦」を提案します。企業の人事課長あてに誰かを紹介してくれるように手紙を書くのです。「自分はとても貴社に関心を持っているので、ぜひ1度社員の方のお話をお聞きしたい」「自分の大学の卒業生が貴社にはいないので誰か紹介して欲しい」。もしその会社がBtoC企業であるなら、その会社の商品、サービスの大ファンであることをつけ加えれば、大事な顧客でもある学生の願いを無視する確率は低くなるはずです。

大事なことは諦めないことです。企業の人事担当者は多忙です。うっかり忘れてしまうこともあるでしょう。月2回、3か月くらいは続けてみてください。これまでの経験では成功率はかなり高くなっています。

OB・OG訪問の際に忘れていけないことは、ここを1次面接に近い位置づけをしている企業があるということです。連絡が来たら、万全の準備をして臨んでください。

⑦ 会社説明会の予約が取れないなら直接会場に押しかけていい

営業は断られたときから始まる――。昔からそして今でも変わらぬ、営業の世界での格言です。

「行きたかった会社ですが、説明会の申し込みが受け付け終了になっていました。残念です……」。学生からよくこんな言葉を聞きます。その度に私はこう言います。「本当に行きたいのなら、会場に行ってみたら?」。こうアドバイスをしても、実際に会場まで足を運ぶ学生はほとんどいません。10人のうちせいぜいひとりか2人でしょうか。

しかし、「せっかく行ったのに追い返された」という話は聞いたことがありません。万一、入場を断られたら、「それは当然」と諦めればよいだけです。

「ダメもと」でもわずかな可能性にかけてみる、この行動力があれば、必ずどこかでその能力は成功をもたらすはずです。

ビジネスの世界では、むしろ断られても諦めないことのほうが常識です。すぐに諦めてしまう人間は「使えない」というレッテルを貼られることもしばしばあります。

日本ハムファイターズの大谷翔平選手は、2012年秋、プロ野球ドラフト会議の直前に「高校卒業後はメジャーリーグに挑戦する。日本でプレーすることは決してない」と記者会見を行ないました。他球団が大谷選手の指名を回避するなか、あえて日本ハム球団は大谷選手を指名しました。当然のことながら、入団交渉は難航します。指名直後の会見でも大谷選手は「入団の可能性はゼロです」ときっぱりと断言していました。ここから約50日間、球団、そして栗山監督の粘り強い交渉が始まります。結果はみなさんご存じの通りです。5度目の交渉後、日本ハムへの入団を表明したのです。

1度や2度断られてもアタックを続けることは、ビジネスの世界では決して非常識ではないのです。

⑧ 確実に存在する学歴フィルターを打ち破るのは行動力

企業は少しでも優秀な学生を採用したい……。しかし、エントリーした何万人もの学生すべてに会うことは物理的に無理でしょう。ある程度は自分たちが会う学生の数を絞り込む必要があります。そのために「学歴フィルター」と呼ばれる方法が採られるようになったのです。

つまり「1000人の学生に向かって石を投げたとき、受験偏差値上位校の学生に投げたほうが、優秀な学生に当たる確率が高いだろう」から、石を投げる大学をある程度選ぼうということです。

会社説明会の申し込み受け付けの際に、受験偏差値が高くない学生の参加枠は少なくし、有名校の学生枠を広くするというのもその一例です。

この学歴フィルターを「行動力」で突破し、エントリー数3万人中100名の内定者に選ばれた女子学生がいます。内定先は女子学生に人気のある1部上場のブライダル関連企業です。会社説明会申し込み開始時刻と同時にサイトの画面上には「東京会場・受付終了」の表示が並びます。しかしそのとき、彼女は「大阪会場・受付中」という文字を見つけたのです。彼女いわく「10秒間考えて、思い切って申し込みのボタンました」。

大阪人事選考枠で進められた彼女の選考は、1次〜3次面接まですべて大阪で行なわれました。その度に「出世払いするから」と親を説得し、大阪までの夜行バス代を借りたそうです。「東京からよく通うね」と面接の度に面接官から感心され、3次面接の際には笑顔で「わざわざ東京から通ってくれる人を、我々大阪支社の人間が落とすわけにはいきませんね。東京での最終面接もがんばってください」と送りだされたそうです。

彼女は大阪〜東京間の移動中も会社案内の資料を読み続け、戦略を考えたといいます。「おかげで、会社案内、ホームページに書かれている内容は全部暗記しています」。母校からこの人気企業、第1号の社員となりました。

⑨ 大学3年生の冬以降のSPI・WEBテスト対策はムダ

企業の採用活動が始まると、学生のみなさんは説明会の会場で、または企業からの指示でSPIやWEBテストを受ける機会が増えてきます。「説明会後テストを受けたら、連絡が来ない。原因はテストができなかったからではないだろうか。今からテスト対策をしなければ……」。このように考えた学生が「テスト勉強」の相談によく訪れてきます。

しかし私はそのような学生には、こうアドバイスします。「今から勉強を始めるのはコストパフォーマンスが低いからやめたほうがいい。勉強する時間があるのなら、説明会に参加して、企業研究、履歴書、エントリーシートなどの作成に時間を使ったほうがいい」

このようにアドバイスをするのには理由があります。

①多くの学生が不得意だというSPI試験の非言語分野は、数学というよりも小学生が勉強する「私立中学入試」の算数の問題です。実際には数学で解くよりも、算数で解いたほうが速く簡単に解ける問題が多いのです。私立中学を受験する多くの子どもたちは、小学4年生から塾に通い始め6年生までの3年間で勉強しています。それを1冊の問題集で練習したところで、得点がどれだけ伸びるのか甚だ疑問です。

②高校受験や大学受験のように「○○点以下は不合格」という判断を行なっている企業はそれほど多くありません。むしろ、**「学歴フィルターでの足きり」「第一印象の悪さ」で学生を落とすための「口実」に使われているケースが多い**のです。テストを行なえば学生は「テストの出来が悪かったから」と、不採用になったことを納得しやすいからです。

とはいえ、もちろんテストの点数は高いほうが良いにきまっています。ですから、SPI・WEBテスト対策をするなら、大学3年生の秋までに勉強してください。

⑩ 企業がテストで重視するのは国語と算数だけ

会社説明会や1次面接の後に、自社で作成した「計算テスト」を行なったり「作文」を書かせたりする企業があります。ある専門商社の社長さんが「計算と作文が苦手な社員は、まず仕事ができない」と言っていましたが、これはこの社長さんの長年の経験や勘によるものだけではなさそうです。

イギリス・エディンバラ大学の研究チームは、50年間、約1万7000人の追跡調査で「7歳の時点での計算力や読解力が成人後の経済力や社会的地位に大きな影響を与える」という研究報告を発表しています。私の30年間の教育経験から申し上げれば、計算力も読解力も勉強次第で変化するので「7歳で」と言う点には多少疑問を感じますが、それでもこの2つ要素は、社会人として必須の能力であることは間違いないと断言できます。

言うまでもないことですが、ビジネスはすべて「数字」で成り立っています。むろん、計算と言っても、普通の社会人に必要なのは、整数・小数の足し算、引き算、掛け算、割り算の四則計算です。分数計算や中学数学に出てくる平方根などの計算は特殊な専門職以外では必要ないでしょう。分数の計算は一般の電卓にその計算機能がないことからも、仕事で使うことはほとんどないことがわかるはずです。

また、書類の作成はもちろん、お客様や取引先、社内においての会議など、説明能力が必要です。頭のなかで「作文」をして、それを書類にまとめたり、多くの人に説明したりして仕事を進めなければいけません。

加えて日本でビジネスを行なう場合には、「漢字」にも注意をはらうべきです。漢字の間違いがあるとビジネスの現場でも「この人は能力が低い」と信頼されなくなることもあります。企業がどれだけ漢字を重視しているのかということについては、**「履歴書・エントリーシートに漢字の間違いあるものは即落とす」という企業も多くある**ことからもわかります。

⑪ グループディスカッションで司会をすれば次に進めるというのは都市伝説

1次面接前などに行なわれるグループディスカッションは、これから初めて参加するという学生には、大変プレッシャーがかかるものです。毎年就活が始まったばかりの時期には「どのように参加すればよいですか」という、駆け込みの相談を数多く受けます。

グループディスカッションはとくに難しいものではありません。極論ですが、ゼミやサークルの話し合いだと思えばよいのです。このように考えれば、正しい参加の仕方も容易に想像できるはずです。

まず、話し合いの場で、嫌われる人はどのような人でしょうか。

・自分の意見ばかりをしゃべりまくる。またはまったく言わない

・批判ばかりをしていて、建設的な発言をしない
・話し合いに真剣に参加しているように見えない
それでは好かれる人はどのような人でしょうか。
・自分の意見をしっかりと述べる
・人の話を真剣に聞く
・よい結論を導きだすために貢献する
この貢献するとは、たとえば、ある議題でみなが沈黙したら、「議論がからまってしまったようなので、少し整理してみませんか」など、活発な議論が再開できるように働きかけられる人です。

面接官は入社後、自分たちの会議のメンバーにしたい人を探しています。就活マニュアルなどでよくささやかれる「司会を務めれば、次に進める」というのはまったくのでたらめです。司会を上手くこなせばもちろん評価されますが、「自分が」「私が」のように司会の取り合いをしているようでは、マイナスになるのは当たり前です。また、2～3回参加すれば「コツ」もわかるので、そんなに心配する必要はありません。

第4章

企業は エントリーシート・履歴書の ここを見ている

「夢をかなえる秘訣は、4つのCに集約される。それは
『好奇心（Curiosity）』『自信（Confidence）』『勇気（Courage）』
そして『継続（Constancy）』である」

（ウォルト・ディズニー）

①

採用担当者を惹きつける「魔法の言葉」が存在する

これは決して眉唾な話ではありません。言葉には「魔法の力」がありま す。古今東西、魔法の言葉をうまく使いこなした人ほど成功を収めています。言葉の力は想像をはるかに超えた大きな力を発揮するものです。

たとえば福澤諭吉先生は、「天は人の上に人を造らず、人の下に人を造らずといへり」というあまりにも有名な言葉を著書『学問のすゝめ』の冒頭に書きました。この本は明治初期に大ベストセラーになります。じつに300万部が売れたといいますが、当時の日本の人口は3000万人と言われていますから、およそ10人にひとりが買った計算になります。

この言葉についてはアメリカの独立宣言の一節を福澤流に表現したもの

など諸説あるようですが、いずれにしても福澤先生は、自分の主張をひと言で表わす「魔法の言葉」を見つけたのです。ただ単に「みなさん、勉強は大事です。生まれたとき、人には差がないのですから、がんばって勉強しましょう」と言われても、誰が耳を傾けたでしょうか。

「そんなこと言われても、福澤諭吉のようにはいかない」と反発する人もいるでしょう。しかし、魔法の言葉を見つけることは特別に難しいことではありません。**学生の大きな間違いは、エントリーシートや履歴書を書くとき、また面接の質問に答えるとき、自分が言いたいことをただ説明しようとしていること**です。これでは相手に響きません。

多くの内定獲得者、とくに「受験偏差値」と「就職偏差値」をひっくり返し、内定を獲得した学生はみな相手を惹きつける「魔法の言葉」を持っていました。「自分にかける魔法の言葉」と「企業にかける魔法の言葉」を探し出せば、かならず志望企業の内定が獲得できるのです。

では、これから「自分にかける魔法の言葉」と「企業にかける魔法の言葉」をどう見つけるのか、それを具体的に見ていきたいと思います。

②「えっ」と採用担当者の心を動かすのが自分にかける「魔法の言葉」

このように書くと、批判を受けるかもしれませんが、あえてそれを承知のうえで書かせていただきます。**就活というのは、自分という「商品」を企業に買ってもらうための活動**です。しかもこの商品はとても「高額」です。たとえば1年間の分割払いの総額が300万円前後（年収）、38年ローンで総額2億5000万円程度（生涯賃金）になることもあります。企業はみなさんが新たな売上げ・利益を生み出してくれる可能性があると思うから採用するのです。

自分が選ばれるためには、自分がいかに魅力ある商品であるのかを、できる限りアピールする必要があります。履歴書やエントリーシートは膨大な数が企業に送られてくるので、瞬時に選んでもらえるようにしなければなりません。中学・高校の作文や小論文のように、担当者がしっかりと読んでくれると期待してはいけないのです。

「魔法の言葉」は、書籍のタイトルをイメージするとわかっていただけると思います。2014年度の新刊書の刊行点数は7万6465点（『出版年間2015版』）あり、単純に計算すると1日当たり209冊の本が生まれている計算です。その膨大な新刊のなかから、読者はタイトルを見て本を手にします。中身がどれだけ良いものであっても、読者の手に取ってもらわなければ本は売れません。タイトルがいかに大事かわかるはずです。

「自分にかける魔法」の言葉は、自分がPRしたいことを「ぎゅっと凝縮」したタイトルのようなものです。

さらにひと目で、採用担当者の心が「えっ」と動くものでなければいけません。「凝縮」された言葉は、その内容を何倍にも「還元」することができます。「魔法の言葉」が見つかれば、面接でいくら突っ込まれても、答えに困らなくなります。

実践
メソッド

自分にかける「魔法の言葉」の見つけ方

POINT 1

生まれたときから今日までの「ベストショット」を探す

解説

みなさんの人生は生まれたときから、「川の流れ」のように、その時々、その場所ごとに大きく変化しているはずです。流れが緩やかなこともあれば急に早くなったこともあるでしょう。源流（生まれたとき）から今日までの「ベストショット」を探してください。川で鮎などの魚を釣る人のように、ここかなというポイントがあると思います。

「自分の心が大きく動いたこと」を思い出してください。「企業の担当者の心も動きそう」と思われることをできる限り思い出してください。次の表を思い出すヒントにしてください。あなたにもかならず「ベストショット」があるはずです。

「ベストショット」を探す方法

●年代別で思い出す

大学3年生	大学2年生	大学1年生
大学受験時	高校時代	中学時代
小学生の頃		

●自分が体験したキーワードで思い出す

本	映画	テレビ	スポーツ
成績	部活・サークル	旅行	バイト
得意・不得意なこと	留学	習い事	

●人間関係から思い出す

友人　先輩・後輩　恩師
家族(親、兄弟、姉妹、祖父、祖母)

POINT 2

「ベストショット」候補を他人に話す

解説

自分の「ベストショット」候補を見つけたら、友人、親、またはキャリアアドバイザーなど、他人にその内容を話してください。彼らは採用担当者と同じです。他人が聞いて「へー」「すごいね」「いいね」などと、心が動けばそれは真のベストショットになります。

他人が「いいね」と思うことが、じつは自分はたいしたものではないと思っているケースが多いのです。自分が自分について、いかにわかっていないかということを、元外務省職員で作家の佐藤優氏は、「自分の体のにおいは、自分には決してわからない」と述べています。

POINT 3

「ベストショット」を短い言葉、短いフレーズに変換

解説

「ベストショット」のエピソードを短い言葉や短いフレーズに置き換えられないか、考えてください。その言葉があなたの「魔法の言葉」になります。次に魔法の言葉の一例をあげましょう。

■バイト、勉強、研究、スポーツなどで実績を上げた経験を武器にしたい人
↓
「かならず結果を出す人間です」

■困難を乗り越えた経験をアピールしたい人
↓
「私はどんな高い壁でも乗り越える自信があります」

■人を喜ばせる力、サービス精神などを伝えたい人
↓
「誰よりも多くの『笑顔』を集めることができます」

③ 企業にかける「魔法の言葉」は かならず 会社案内、ホームページのなかにある

「会社案内なんて、人事部の思い込みだけでつくっているから、現場の人間からしたら何を書いているのっていう感じ。だから読んでも役に立たないよ」。OB・OG訪問をするとこんなことをよく言われると学生から聞きます。しかし、もしこのようなOB・OGがいたら無視してもらって結構です。こういう人はおそらく会社に馴染んでいないか、相当のカッコつけでしょう。そろそろ会社を辞めようとしている人かもしれません。

そもそも会社案内やホームページのほとんどは、人事部が作成したものではありません。小さな企業はわかりませんが、ある程度の規模の会社であれば「広告代理店」などの外部会社が受注・制作をしています。

私も昔、鉄道会社、総合商社、メガバンク、メーカーなど、日本を代表する企業の「会社案内」の取材・執筆・制作に携わったことがあるのでわかりますが、そのすべては、経営者の意向を聞き、打ち合わせを重ね、我々「外部チーム」が作成をしたものです。社内はもちろん外部の人間の視点も交え作成したものですから「社内の人間ではなかなか気がつかない、その企業の魅力」が反映された資料になっています。

さらに、今の状況と少し違うことが書かれていることがあるかも知れませんが、そこには社員や経営者の「理想」や「夢」がたくさん語られています。私はこれまで多くの経営者にお会いしてきましたが「夢」や「理想」を持たない経営者に会ったことがありません。企業は「仲間にしたい人」を求めています。仲間とは、当然のことながら自分たちと「夢」や「理想」を共有し実現のために最大限努力できる人たちです。

暗記してしまうくらい「会社案内」や「ホームページ」を読み込めば、かならずその企業の社員、経営者の心を動かす「企業にかける魔法の言葉」を見つけることができます。

実践
メソッド

POINT 1

企業にかける「魔法の言葉」の見つけ方

自分の体験・経験に結びつく言葉を探す

解説

「人の心」を動かすには、まず「自分の心」を動かすことが必要です。

自分の体験や経験は、自分の頭に浮かぶ光景がはっきりしているので、採用担当者の頭のなかにもその光景が浮かびやすいように説明すればいいのです。相手の頭のなかにその光景が浮かべば、心が動く確率も高くなります。

書類や面接が通過するかどうかは、心を動かす「共感力」が大きなポイントになります。
自分の体験・経験ならば、深堀りの質問をされるコンピテンシー面接にもしっかりと対応できるはずです。

POINT 2

自分の知識と結びつく言葉を探す

解説

自分の知識と結びつく言葉も、「魔法の言葉」になります。ポイントは企業が求める能力である「論理的な思考力」を使い、考えを広げていくことです。自分の疑問からその解答を見つけていく。または、さらなる展開、可能性を考え、説明をしていくという方法です。

実際のビジネスをしているわけではないので、遠慮はいりません。どんどん、自分の持っている知識を使い、考えを広げてください。企業は、みなさんの実務能力ではなく可能性、言い換えれば、「できそうな人材か」という点を見ているのです。

企業のホームページから魔法の言葉を見つけ、志望動機を書いた男子学生の例を紹介しましょう。

「千産千消（地産地消）にこだわり積極的に取り組んでいます。現在、青果売り場では地元の生産者直売コーナーを展開し……」（東京・千葉で店舗を展開している電鉄系スーパーのホームページ）

□ 商学部
□ 男子
□ 小売業内定

「千産千消（地産地消）」という、貴社の考え方に深く感銘いたしました。生産者の顔が見える安心・安全の野菜をお客様にお届けするという大切な仕事にぜひ私も取り組みたいと思い、応募させていただきました。

しかし私が一つ疑問に感じたのは、なぜ、鮮魚はやらないのだろうか？

ということです。私が住む千葉県には日本有数の水揚量を誇る銚子漁港もありますし、九十九里の「ハマグリ」は全国ブランドです。さらには東京湾で獲れる魚は「江戸前」としても人気の高級食材です。

もし私が貴社の一員になることができましたら、そして将来叶う機会がありましたら、ぜひ「千産千消（地産地消）」の鮮魚部門の担当者になり、会社のさらなる売上げの向上に貢献していきたいと思います。

実践
メソッド

POINT
3

自分が深く感動した言葉を探す

解説

自分が深く感動した言葉も魔法の言葉にすることができます。ポイントは「どれだけ心が大きく動いたか」を丁寧に説明することです。

「就職活動中のみなさんに向かって、『おおいに遊んでほしい』とお願いするのは、ちょっと変な話かもしれない。仕事は重要。でも、仕事ばかりでなく、実りある人生を送るためにも、オフは大事だ。……（略）……だから、スポーツでも旅行でも、何でもいい。たくさん遊んで、世の中のいろいろな物事に触れ、自分とはまったく別の世界にいる人たちにたくさん会ってほしい。考え方も立場も、自分から遠いところにいる人たちとも、同じ景色が見える場所に身を置いてほしい……」（総合商社ホームページの社長インタビュー）

□ 工学部
□ 男子
□ 総合商社内定

「おおいに遊んでほしい」という、社長の言葉に衝撃を受けました。毎日、大学の研究室と自宅の往復の繰り返しという自分に、もっとも欠けていることをズバリ指摘されたようです。しかし同時に、貴社でぜひ働きたいという強い思いが溢れてきました。狭い世界ではなく、広大な世界に飛び出してみたいという思いに駆られました。

時代は猛烈な勢いで進化しています。このような時代だからこそ多くの場所に出かけ、多くの人に会うことで、自ら「生の情報」を収集し、人々が求めているものを探り出すことが重要だと感じます。広い世界にはまだ誰も見つけていない「宝」がたくさん眠っているはずです。

かつて、貴社の社員の方々がちょうどアメリカの地方都市で小さなスポーツ用品を製造している会社を見つけたようにです。のちにこの会社が世界中のアスリートやスポーツファンに愛される世界的な大企業に成長した話は、まさに「夢物語」です。

おおいに「遊ぶこと」で大きなビジネスを見つける。そのような貴社の一員になり、世界中を駆け巡りたいと思い志望させていただきました。

実例
攻略ポイント

企業にかける「魔法の言葉」①

志望する企業のホームページに経営方針が載っていました。それをヒントに志望動機を書いた例です。

1．お客様の期待を超えるクオリティを、グループ全員の力で
2．お客さま・社会を支え続ける、揺るぎない存在に
3．世界に選ばれる、『アジアを代表する』金融グループへ

（銀行のホームページ）

□ 教養学部
□ 男子
□ 銀行内定

貴行のホームページの中にあった「アジアを代表する金融グループ」という言葉に強く惹かれ、応募させていただきました。私はこの言葉に出会ってから「アジアの人々のために貢献するビジネスをしたい」と心からそう

思うようになりました。私は貴行のアジアでのビジネス展開に大いに貢献できると思います。なぜなら、私ほどアジアの人々が好きで、アジアの国々が豊かになることを熱望している人間はいないと思うからです。

私は小学校1年生から4年生までの4年間、父親の仕事の関係で香港に住んでいました。日本人学校に通っていたので、中国語はまったくできません。しかし、子ども時代の4年間を過ごした香港という街の「熱気」には魅力を感じていました。

学生時代に香港、台湾、ベトナム、タイなどのアジアの国々を訪れた私は、アジアの国々が持つエネルギーの大きさ、成長著しい国々が変貌していくスピード感に大きな可能性を感じていました。しかし同時に、経済成長の陰に沈んでいる貧困の問題にはとても心が痛みました。

大学卒業後は教員になり、いつかはアジアのどこかの国で子どもたちの教育関連の仕事をしたいと思っていました。しかし就活開始時期が迫ってくると、「このまま卒業して教員になってよいものか？　社会の仕組み、世界経済の動きなどを知らないまま、いきなり教壇に立ってよいものかどうか？」と迷いが生れました。

私は「社会勉強をしてから、教員になろう。社会勉強をする場所はどこが良いか？　金融機関がもっとも最適な場所ではないか」と考え始めました。そして企業研究をしているときに出会ったのが貴行のホームページにあった「アジアを代表する金融グループ」という言葉です。この言葉に出会ってから、私の夢は変わりました。「教師」よりも、よりダイナミックで、より多くのアジアの人々に貢献できる大きな大きな夢を見つけました。

私は、大学で経済や金融の勉強はしていません。つい最近まで、教師になろうと思っていたので、経済や金融のことはまったくわかりません。しかし、もし貴行に入行することができましたら、私はほかの誰よりも努力し金融のプロになりたいと思います。

「金融は社会の血管」という言葉があります。貴行がアジア地域の「心臓」になり、「動脈」「静脈」そして「毛細血管」を張り巡らせていく。なんとしても貴行がビジネス展開をしていく際の一員にさせていただきたいと心より願い志望させていただきました。

就活担当の目

この学生は、「就活のプロ」と言っていい学生かもしれません。自分は企業がもっとも「戦力」として欲しい人材であることを、「魔法の言葉＝アジアを代表する金融グループ」を使ってピンポイントで攻めています。アジアで活躍できる人材は、どこの金融機関においても、のどから手が出るほど欲しいはずです。

海外に出て人の懐に飛び込める能力があること、コミュニケーション能力が高いことを、「経済や金融のことはまったくわかりません」と金融マンから思わず「笑い」を誘う言葉でアピールしています。「猛烈な勢いで大きな変貌を遂げている、広大なアジアのマーケットで活躍する自分の姿」が、彼の頭のなかにははっきりと広がっています。自分に自信があるから、堂々とぶつかっていけたのです。

誠実で面白い人間は世界中のどこに行っても現地の人たちと良好な関係を築くことができるはずです。ほかにも生保・信託銀行からの内定があっさり出たことも当然の結果でしょう。

実例
攻略ポイント

企業にかける「魔法の言葉」②

こちらはある専門商社のホームページにあった社長メッセージの一部です。ここから志望動機に結びつけた例です。

「創業以来『お客様第一主義』を目標にOA機器の専門商社として、……」（OA関連専門商社のホームページ）

□ 経済学部
□ 女子
□ 専門商社内定

貴社のホームページにある、社長様のメッセージ「お客様第一主義」という言葉を見つけたとき、私は貴社の一員になりたいと心より思いました。私はこの言葉を見た瞬間に、ある光景をはっきりと思い出しました。それは、高校3年生のとき、塾のサマースクールで宿泊した、貴社の関連会社が経営する温泉旅館で目にした光景です。サマースクールが終了し、旅館のマイクロバスで最寄りの駅まで送ってもらうときのことでした。

バスの車内からふと、数百メートル離れた旅館のほうに目をやると、従業員の方々5～6名がバスの自分たちに向かい、ずっと手を振り続けているのです。自分たちがいかい大切にされていたのか、ジーンと胸が熱くなるのを感じたことを鮮明に記憶しています。

露天風呂も含め温泉施設が8か所もある旅館です。お客さんがチェックアウトしたら、すぐに次のお客様を迎えるための準備を始めたいはずです。それなのに、お客様が完全に自分たちの視界から消えるまで手を振り続けている……。ほんとうの意味での「おもてなし」を受けたような気持になりました。

同時に「そういえば、貴社の方々は、お盆休みでもお正月でも、塾のコピーが故障すると、いつも飛んできてくれていた」ことも思い出しました。

私は、これまでどれほど貴社にお世話になっていたか感謝するとともに、そして自分は貴社の「お客様第一という精神」を「おそらく全応募者の中で自分が一番理解している。そしてこのような企業の一員として、会社のさらなる発展に貢献したい」と強く思うようになりました。

「お客様第一」を掲げる企業は多いと思いますが、建前ではなく、本物の誠意をもって日々黙々とお客様のために仕事をしている企業はそれほど多くはないかもしれません。しかし、貴社は「本物」だと思いました。年末年始でも交代で出勤されているメンテナンス部門の方々のご苦労、仕事ぶりからも伝わります。

私もお客様への「誠意」溢れる貴社の一員となり、ぜひ「お客様第一主義」を実践し、貴社の念願である1兆円企業誕生のために貢献させていただきたいと思い志望させていただきました。

就活担当の目

人の心を動かすためには、まず「自分の心」が大きく動くことが必須条件です。相手は言葉自体ではなく、言葉の背後にある心の動きに反応するのです。だから就活生が見つけた魔法の言葉は、面接官の心を動かす強力な武器になるのです。

彼女の魔法の言葉の背後には「感動の光景」が浮かびます。日常業務のなかで、つねに「お客様第一」を実践する従業員の方々の姿が、はっきりと浮かんでいます。「自分の頭に浮かんだ感動の光景」が面接官の頭のなかにも浮かび、「共感」してもらうことができれば、かならず次のステップへ進むことができるはずです。

ありふれたような言葉であっても、その言葉の背後にあるものを研究してみることが大切です。究極の企業研究と言えるかもしれません。みなさんは自分が気づかないところで、さまざまな企業とのかかわりを持って生活しているはずです。

自分の経験や体験と企業が発するメッセージが結びつけば、「魔法の言葉」が生まれます。

実例
攻略ポイント

企業にかける「魔法の言葉」③

日用雑貨などを扱う会社のホームページにあった、企業からのメッセージです。企業の「強い思い」を真正面から受け止めて志望動機を作成した例です。

「コンビニは便利を売る。ブランドショップは豪華さを売る。魚市場はイキのよさを売る。では『○○（会社名）は、何を売るところですか？』とたずねられたら、『それはヒントです！』と言いきりたい……」（総合小売業ホームページ）

□ 政治経済学部
□ 男子
□ 総合小売業内定

貴社のメッセージを見た瞬間、地方に住む祖父と祖母の「笑顔」を思い出しました。

祖父の家は古い木造家屋のため、通常の網戸を取り付けることができません。夏の夜、部屋の中は多くの虫たちの遊び場になってしまいます。読書好きの祖父は、薄暗い蚊帳の中に入り、遅くまで読書をしています。幼い時から祖父の家を訪れるたびに「何とかならないかな……」と思い続けていました。

昨年の6月です。私は貴社の店舗を訪れ売り場をブラブラしていると、ある商品に目が釘付けになりました。「網戸張替ネット」。私は思わず心の中で「これだ！」と叫びました。近くにいたスタッフの方に祖父の家の状況を話し、網戸をつくる方法を相談しました。そして「超強力マジックテープを使えばなんとかなるかもしれない」という結論に至りました。

週末、祖父の家を訪れ、なんとか「網戸」を完成させました。「夜風を感じながら、電気の下で本が読める」と祖父は大喜びでした。

「ヒント」だけではなく、貴社の売り場には「答え」も用意されていると思います。お客様ひとりひとりが求めている無限の「ヒント」と「答え」を売る素晴らしい仕事。そして新しい「価値」と「くらし」を創り出しながら進化を続けている貴社。その貴社の一員となり、業績の拡大に貢献していきたいと思い、志望させていただきました。

④

「光景」が相手の頭に浮かんでこそ自己PR

履歴書の自己PR、志望動機などを読んでいると、何を言いたいのかよくわからない文章に出会います。もちろん表現力がいまひとつというケースもないわけではありませんが、なにより、書いている本人の頭のなかで内容がイメージされていないという場合がほとんどです。

考えてもみてください。自分がイメージできていない話は、相手もイメージできませんし、それではいくら言葉を並べても相手には伝わりません。

たとえば、オーストリアのウィーンは「音楽の都」とよく言われますが、これはどのようなことなのか、現地に行ったことがない人には具体的なイメージは湧いてこないでしょう。「モーツァルトやベートーヴェンが活躍した街だから」「街中にいつも音楽が溢れているところだから」と想像するかもしれません。

しかし私は違います。その所以は「とても音を大事にする、静かな街だから」と思っています。路面電車の車内や街の中心街はとても静かです。大きな声の車内放送や、お店の宣伝のためのBGMや客引きの連呼もありません。オペラ座やニューイヤーコンサートで有名な楽友協会のコンサートホールを一歩出ると、街中はシーンとしています。どれほど素晴らしい音楽を聴いても、街中に大きな音が溢れていれば「音楽の余韻」は吹き飛んでしまいます。でもウィーンの街は翌朝まで「音楽の余韻」に浸れるのです。私の頭のなかにはその光景がはっきりと思い浮かぶのです。

自分が何をPRしたいのか、その「光景」をはっきりと意識してください。

次にあげる学生の例のように「ひとり黙々とボール磨きをしている光景」「暖かい家族とのひととき」を頭のなかにイメージできれば、相手の頭のなかにも「共感・イメージ」させるための「魔法の言葉」が見つかるはずです。

実例 攻略ポイント

自己PR文のつくり方①

物事には「マイナス」の面があれば、その後ろには「プラス」の面が隠れているものです。初めて相談に来たとき、すでに彼は20社以上の企業に落とされていました。最大の原因は「留年」でした。留年した理由をきちんと整理して答えられなかったのです。留年の理由は野球に熱中し過ぎたこと。就活最大のマイナス材料がこの自己PRを書いてから、最強の武器に変わりました。自分の「マイナス」面を探ると「魔法の言葉」が見つかる可能性が大きいのです。

□ 芸術系学部
□ 男子
□ 不動産業内定

私はチームでメンバーと力を合わせ、何かの目標達成のために貢献していくことが大好きです。私は学生ですが、少しでもレベルの高いチームで大好きな野球をやりたいと思い、社会人野球チームの門をたたきました。メンバーは私よりも年上の方ばかりで70名ほどいました。私は精一杯練習に打ち込んだのですが、残念ながらレギュラーになることはできませんでした。しかし、つねにチームの方々が気持ちよく練習することができるようにするにはどのようにしたらよいのかを考えていました。

たとえば、私はボール磨きをひとりで引き受け、勝利を祈りながら丹念にやりました。3年間で磨き続けたボールの数はのべ3万個以上になります。チームの勝利を第一に考えられるのが私の長所だと思っております。

就活担当の目

PRポイントを野球のボール磨きに凝縮しました。彼の魔法の言葉は「ひとりで3時間、所属野球チームのボールを精魂こめて磨き続けました。3年間で磨いたボールの数は3万個です」というものです。ボールを黙々と磨き続ける姿は採用担当者の頭のなかにも、すぐにイメージされるはずです。この経験を自分で再確認することで、「面接に来た誰よりも自分には根性があり、そして会社に献身的に貢献できるのも自分だ」と面接に臨むことができたそうです。

実例
攻略ポイント

自己PR文のつくり方②

彼女が最初に面談に来たとき、彼女が持参した履歴書は白紙でした。「いくら考えても私には人にPRできるようなことは何もありません……」。本人の心のなかにある「魂の輝き」に、多くの場合、自分ではなかなか気づかないものです。彼女は人助けをすることがよくあるそうです。救急車を呼び、一緒に病院にまで付き添ったことも。私が感心すると、彼女は少し驚いた表情で「だって、苦しんでいる人を助けるのは当然のことではないですか？」ときっぱり言います。もし「自己PR」が書けないときは、ぜひ誰かに相談してみてください。

□ 文学部
□ 女子
□ ホテル業界

私は人を喜ばせること、人を幸せにすることを考えることが大好きです。たとえば、両親の結婚記念日には、毎年感謝の気持ちを込めて、「あっ」と驚かせるための工夫をしています。今年は、半年以上前からさりげなく「両親が初めてデート」をしたときの様子を聞きだして準備をしました。そして当日、二人が初めてのデートで食べたメニューを再現したのです。スマトラカレーと焼リンゴです。

しかしこれは、大失敗でした。母は初デートの様子をよく覚えていたので大感激でしたが、父はすっかり忘れていたようです。始まったカワイイ夫婦げんかの様子を見て、私も妹も大笑いしてしまいました。

就活担当の目

自分がなぜホテル業界を志望しているのか、その明確な理由を見つけるために、日頃の自分の行動を思い出してもらいました。出てきた魔法の言葉は「自分なりのおもてなし」というものです。人の幸せや喜びが、自分にとっても最高の幸せになることが、再確認できたと言います。赤い焼リンゴ、家族が共有したほのぼのとした幸福な時間が、読み手や聞き手の頭のなかに浮かびます。色彩豊かに、暖かみが感じられるような言葉を選ぶと、相手の心を大きく動かします。

⑤ 企業は出身大学以上に出身高校を見ている

2桁台の東京大学合格者を出している東京都内にある進学校での話です。少し前のことですが、自校の卒業生が入学後、伸び悩んでいるということで職員会議が何度も開かれ、その対策に頭を悩ませたそうです。せっかく難関大学と言われる大学に入学しても、成績低迷、留年、ひいては退学してしまうというのです。これではとても就活どころではありません。

私は30年以上、小学生~高校生の受験・進学指導、そして大学生の就活指導を行なっていますが、まさに教育の現場でどんどん子どもたちがひ弱になっていくことを痛感しています。大げさに言えば、日本の将来に危機感さえも持っています。

進学校に通う子どもたちがひ弱になっていく最大の原因は、親や塾・学校の過保護にほかなりません。小学校の低学年からの塾通い、中学、高校では学校が決めた受験プログラムをこなしていくだけ。大学入学までの10年あまりを、何も考えずに周囲が与えてくれたベルトコンベアーの上に乗っているのです。

こんな受け身型人間が、自ら考え、行動していくビジネスの世界で活躍できるはずがありません。別の言い方をすれば「与えられた問題の解答を覚える」ことに対する「受験偏差値」は高いのかもしれませんが、「自ら問いを見つけ、自分なりの解答を見つける」能力は低くいままでのです。

事実、**ビジネスの現場でも、塾・予備校などが少ない地方高校の出身者は、自ら工夫し成果を上げていく習慣が身についていると評価されることが多い**ようです。また、これはあくまで私見ですが、最近東京都内では、上位都立高校出身者を高く評価する声がよく聞かれます。経済的理由などから、予備校などに通わず高校の自習室にこもり独力で受験競争をくぐってきた「たくましい」学生が多いからではないでしょうか。

⑥ 熱い思いを込めて書いた「学生時代に力を入れたこと」は評価されない

みなさんがご存じのオムライス、天むす、つけ麺……。これらの共通点は何かわかりますか。答えはもともと賄い料理であった点です。客に出すのではなく、忙しい仕事のあいまに従業員が手軽に食べられるよう考案された料理です。その価値にプロは気がつかず、何かのきっかけで裏メニューとして客に評判となり、やがて店のメニューに加えられていったのです。

自分自身のこととなればなおさらです。自分の価値や素晴らしさは、なかなか自分ひとりでは理解できません。ときには大きな誤解をしていることもあるので要注意です。**「他人の評価」を聞きながら、自分の持つ魅力を見つけ出すアプローチが必要**です。

多くの就活生は「学生時代に力を入れたこと」という命題に対し、自分の強い思い入れがある内容を書きます。しかしそれが他人に評価されると思うのは間違いです。たとえば「学園祭に向けたサークルの活動で、途中で辞めようとした仲間を必死に説得し、成功へ導いた」と熱い思いを込めて書く学生がいます。しかし読む側は「サークルの話でしょ」「いやな人に無理にやらせることはないのでは」と、評価されるかもしれません。**大事なことは企業の担当者がどう感じるかです。**

それまですべて1次面接で落とされていた学生が、アドバイスを受けて内容を変え、以降1次面接は通過できるようになったことがあります。彼は始め「演劇サークルで主役を獲得するまでの努力」を話していました。しかしこれを「卒論研究のため1か月間滞在した奄美大島で、現地の人の本音を聞き出すまでの苦労話」に切り替えたのです。文化や生活環境の違う人たちといかにしてコミュニケーションがとれるようになったのか。彼の話を聞いていると、とても面白く、ぜひ次に進めたい気持ちになります。

まずは「他人の評価」をしっかり受けることから始めてください。

⑦ 複数社選考中であっても
すべて「第1志望」と言え

久しぶりに教え子と会ったときに、「おっ、立派な企業人になったな」と思う瞬間があります。それは彼らの何気ないひと言や行動に「熱い愛社精神」を感じるときです。たとえば飲み会で出てきたビールを見て「あっ、わが社のビールですね、みなさんありがとうございます！」と、大きな声を出して一礼する者がいます。また自社のラグビー選手を「彼のプレーはすごいね」と褒めると、すかさず「うちの○○は……」と熱く語り出す者もいます。

就活生にとっては、同業で同規模の会社であれば、A社でもB社でも「とにかくどちらでもよいから内定をください」という気持ちでしょう。しかし、そのような気持ちで「志望動機」を書いたり、面接を受けたりしてはいけません。企業でしっかりと仕事をしている人たちのほとんどは、そこで働く「誇り」と会社を「愛する」強い気持ちがあるからです。

とくにライバル関係にある会社の場合、面接で「ところでB社は受けているの？」「2社から内定をもらったらどうするの？」と、しつこく聞かれることがあります。

その場合の就活の基本。A社に行ったら、とにかく「御社が第1希望です」と強力にアピールすること。B社に行ったらもちろんB社が第1希望になります。どちらに行くのかは、内定をもらった後で考えればよいこと。「B社よりA社」「A社よりB社」と言い切って、それぞれの会社の社員・役員を納得させるための、企業研究をしてください。企業研究をしっかりと行なった学生の多くはライバルの会社からも内定をもらっています。

「志望動機」は企業に対するラブレターのようなものです。貴社で働きたいという思いを熱く、そしてそれが伝わるように話してください。貴社が最高の会社であるということは「魔法の言葉」で伝えることができます。

⑧ 質問が平凡なエントリーシートは評価の対象にしていない

ネットを使った就活が中心になった結果、人気企業では頭を悩ます事態が生じています。何万人という学生がエントリーするという非常事態でした。すべての学生に面接試験を行なうことは物理的に不可能です。ここで企業が考えた方法は、大雑把に言えば2つあります。

「学歴フィルターで学生を絞り込む」「難しい質問を満載したボリュームのあるエントリーシートを課して、本気で受けたい学生だけに絞る」というものです。

企業にとっては、「冷やかし受験」や「とりあえずエントリー」という応募は、甚だ迷惑です。しかし、とくにBtoC企業（一般顧客相手の企業）は、応募してくる学生は自分たちの顧客でもあるわけですから、気分を悪くしないように丁重にお断りしなければなりません。企業は学生の落とし方に相当神経を使っています。それこそ「学歴フィルターで落とした」ことなどが知れてしまったら、大事な顧客を一生失うことになるからです。

そこで、WEBテストや適性検査、エントリーシートなどを課して、お断りしても本人が「テストができなかったから」「エントリーシートがうまく書けなかったから」と納得してもらえるような方法を考えるわけです。

評価の対象にしていないエントリーシートは、形式も簡易なもので内容も一般的な質問項目が目立ちます。このようなエントリーシートを提出して連絡が来なかった場合は、「自校はターゲット校ではなかった」「学歴フィルターに引っかかった」と考え、切り替えたほうがよいでしょう。

しかし逆に、**難しい質問、ボリュームのあるエントリーシートを課す企業の場合は、かならず社員が目を通しています。**1枚にそれほど時間はかけられませんので、斜め読み程度かもしれませんが、読んだうえで評価していると考えてよいでしょう。

実例

攻略ポイント

エントリーシートの書き方

ある大手広告会社のエントリー課題です。テーマは「にっぽん・いいね！　キャンペーン案」というもの。一緒に考えてみてください。次に採用担当者の目を惹かせる解答例を用意しましたので参考にしてください。

質問　いまの日本をもっと「いいね」と言いたくなるような社会へ変えていくためには、最初に「どんな人にどんなことをどんな方法」でメッセージすることが効果的だと考えますか。

あなたが、広告会社の社員だとして、その課題に対する魅力的かつ具体的なプランを考え、それが効果的だと思われる理由、および期待される効果も含めてお答えください。なお、関連する法制度や政策等は変えないものとします。

解答例

どんな人に

元気のないお年寄り、長生きすることが幸せだと思えない老人

お年寄りを「じゃまだ」「かわいそう」と思っている若者たち

どんなことを

「にっぽん　老人党」の設立

ただし、政治活動は行なわない。ひたすら、老人の「凄さ」「偉大さ」をアピールする。党代表は北野武氏。ポスター、テレビ・ラジオのCMで、北野代表の以下のメッセージを伝える。

「老人をいたわりましょう」

↓ふざけるな、金もない若いやつらに面倒なんか見て欲しくはない！

「電車で席をゆずりましょう」

↓お前らよりも、知識、経験が優れた偉い人間だから席を譲るというなら話はわかるが、「かわいそう」なんて、冗談じゃない

北野武代表の言葉より（日本経済新聞・夕刊　2015・4・15）

どんな方法で

スポンサー獲得のため、高齢者マーケットに参入しているすべての企業に営業をかける。わが社は「高齢者の味方」ということをアピールすることで企業イメージが向上する。同時に「相続・信託」「高齢者施設」「高齢者用品」「高齢者サービス」などの顧客の増大も見込める。協賛企業には「にっぽん　老人党」公認マークの使用権を与える。

なお、日本を変える壮大な社会貢献のため、党代表者及び幹部のギャラはなし。

効果的だと思われる理由

これまでの日本を支えてくれたご高齢者が、肩身が狭くなるような報道が目につく昨今。高齢化社会の進行や根本的な問題の解決にはもちろんならないが、せめてご高齢者の方たちの気持ちだけでも少しは明るくしたい。人には誰でもこれまで生きてきた人生に対して「誇り」があるのではないだろうか。

多くの場面で「高齢者」＝「弱者」という単純な発想になってしまっていることに対して不満を持っているご高齢者も多いはずだ。

このキャンペーンを展開することで、自分たちの価値を再認識する高齢者も出てくるのではないだろうか。

また、現役世代、とくに若者たちにも豊富な経験の持ち主である高齢者に対する見方が変わる人たちが出てくるかもしれない。

期待される効果

ポスター掲示とＣＭを流すことで、国民の老人に対する意識を変える。高齢者も自分たちが長生きしていくことに誇りを持ち、堂々と老後の生活が送れるようなる。

高齢者が元気になれば、医療費等の社会保障費の削減にもつながる。

また、若い人たちの高齢者に対する見方が少しでも変われば、国民全体の気分も変わるのではないか。若者、高齢者、各世代の気分が明るくなればまさに「にっぽん　いいね！」という社会に変わっていくはずだ。

⑨「ビジネス・プランを考えよ」という課題が出たらとにかく数字にこだわれ

企業は利益を追求する集団です。利益が出なければ従業員の給料が上がらなくなるだけではなく、やがて経営に重大な危機が訪れるかもしれません。**企業においては数字の裏付けがないものはビジネス・プランとはいいません。**どれだけ売上げが見込めるか、損益分岐ラインはどの辺りなのか……、あらゆる角度から数字を見ないと企画書にはなりません。

エントリーシートでも、ビジネス・プランを考えよという課題がよく出題されますが、数字のない企画を立てている就活生をよく見かけます。いわば「自分がやりたい」「面白そう」という自己中心的な企画です。あるいは「集客イベント」ならば「ただ人を集めればＯＫ」という無責任なものもあります。

たとえば「スーパーの集客イベント」（これは多くのスーパーで出される課題です）で、「バンドフェスティバル」がよいのではないかと提案したとしましょう。理由は地域の人に喜ばれ、自分もバンドをやっているから面白いはずだというのです。しかしこれではすぐに落とされる可能性があります。ステージ制作費、音響費用、広告・宣伝費用など、多額の費用をかけてどれだけ回収できるのでしょうか。1袋40円の豆もやしを売ることで利益を上げていくスーパーのイベントとしてふさわしいかどうか疑問です。

住宅街にある大型店舗なら、人気店を集めた「全日本ソフトクリーム選手権」を開催するという企画が考えられるかもしれません。実際、真冬の寒い時期でも美味しいソフトクリームを求めて、「道の駅」などでは行列ができています。このイベントを目当てに来てくれたお客さんは、かならず1個300円前後のアイスを買うはずです。そしてついでに、夕食の材料を買い求めるかもしれません。

つねに数字を意識した企画を立てることが大事なのです。

⑩ 著名人の名言を引用して ちょっとした「賢さ」をアピールする

中学・高校・大学の入学式、卒業式の祝辞を思い出してください。あるいは新聞のコラムでも構いません。著名人の名言はさまざまなところで引用されています。自分の言葉だけに比べ、名言をうまく引用することができれば、格段に説得力が増します。同時にそのような言葉を知っているという、自分の「賢さ」もアピールできます。当然のことですが、このような**名言を引用して書いた書類は通過する確率が高くなります。**

一例をご紹介しましょう。上場企業の小売業に内定したある学生の志望動機書です。

――「人は誠意あるものを購入し、誠意ある人についていくものだ」。政治評論家・田原総一郎氏のこの言葉が私は大好きです。

貴社の説明会に参加したとき、「この会社で働きたい」と心底思いました。そして、いただいた会社案内を読んでみて、私が心を動かされた理由をはっきりと確信することができました。「力の源は『人』にある」とおっしゃった代表の言葉の通りだと、店舗を歩いていて実感しました。

品揃えから、売り場造り、そしてスタッフひとりひとりの接客態度……。店内の隅々まで、「お客様に喜んでいただきたい」という思いに溢れていました。このような店内で、お年寄りから小さなお子様まで、すべての世代の方が「笑顔」でお買い物をされていました。

私は地域の暮らしの役に立てる仕事をしたいと考えております。お客様が何を必要とし、何があれば毎日の暮らしが豊かで楽しいものになるのか。しっかりと勉強して、その答えを毎日考えながら仕事をしていきたいと思っております。

「安さ」だけで勝負するのではなく、「人の誠意」で事業を拡大し、発展し続ける貴社の一員となりたいと思い志望させていただきました。——

第5章

面接突破には
それなりの答え方がある

「戦いに勝つのは、実際のところ、
必ず勝とうと、堅く決心した者だ」

（トルストイ）

①「一般面接」と「コンピテンシー面接」の2つの対策が必要

企業が行なう面接試験は、大きく2種類に分かれています。

一般面接とは、従来から行なわれている面接です。質問は基本的には一問一答形式。「志望動機は？」「自己PRをしてください」「大学時代に力を入れたことは何ですか？」のように項目別の質問が飛んできます。面接官はその答えの内容ではなく、答え方を見ています。次に進めるかどうかの**最大のポイントは「自分たちの仲間にしたいかどうか？」ということ**です。

もうひとつのコンピテンシー面接は、最近大手企業を中心に行なわれるようになった面接形式です。就活生が話した内容について面接官が次々と質問を投げかけ「深堀り」していくというものです。就活生が話した行動を細かく、細かく、面接官は聞いてきます。「課題や目標に対してどのように自分で考え、実際に行動し、困難はどう克服し、成果を出したのか」を詳細に説明しなければなりません。面接官は「自社の仕事においても自ら考え行動してくれるだろう」と「行動の再現」を期待するのです。

野球の投手を例にあげて説明しましょう。相手チームの4番バッターに2打席連続ホームランを打たれます。しかしその後は2打席連続三振。そこで監督が投手に尋ねます。「どのように相手を攻めたのか？」

投手Aは「たまたま始めの2打席は打たれたけれど、思いっきり投げたら後の2打席は三振がとれた」。これでは次の試合で監督はこの投手を使うことができません。何も考えていなければ、また打たれる可能性が高いからです。いっぽう投手Bは「前の2打席は攻め方がわからず球種を試しているうちに打たれたが、後の2打席は相手の弱点がわかったので抑えることができた」。このように行動してくれる投手なら信頼できそうです。

面接官は就活生の「成果の大きさ」ではなく入社後、きちんと考え、行動できる能力があるのかどうかを学生時代の話から判断しているのです。

実践メソッド

コンピテンシー面接対策の行ない方

POINT 1 話したい内容の「光景」を頭のなかで、できるだけ詳細に再現する

人に道案内をするときのことを思い出してください。

「○○駅まで行きたいのですが……」と尋ねられたとします。みなさんの頭のなかでは、まるでカーナビのように聞かれた駅までの風景がイメージされているはずです。

「最初の交差点を右に曲がって、30メートルくらい歩くとコンビニがあり、そのコンビニの先の信号を渡って……」という具合です。

駅までの風景が鮮明に頭のなかに浮かんでいれば、相手にもしっかりと

説明できるはずです。

もちろん、コンビニの名前やほかの目印など、いろいろ相手から尋ねられても、迷うことなくはっきりと答えることができるはずです。

話したい内容は「言葉」ではなく、頭のなかで詳細にその「光景」をイメージしておけば、どのような深掘り質問にも落ち着いて答えることができるはずです。

POINT 2

想定される質問の回答を「想定問答集」にまとめる

解説

「なぜ」「どのように」と細かく、深掘りをした質問が次々と投げかけられます。就活生のなかには圧迫面接のように感じる学生もいるようですが、質問者は「どのように考え、実際に行動したのか」を詳細に聞いているだけです。それに答えられるように、想定される質問と回答を用意してください。

たとえば「学生時代に力を入れたこと」についての想定される質問をまとめてみましょう。このような深堀りした質問が飛んできます。

・どのような取り組みを行なったのか
・目標は決めたか
・目標達成のために、どのような行動をすればよいと考えたのか
・どのような順番で行動を行なっていったのか
・自分が中心になって行動したのなら、それはなぜか
・もし、自分以外の人が行動したのであれば、あなたは何をしていたのか
・もし、同じ取り組みを再度行なうとするなら、どのような点を改善することを考えるのか
・さらに大きな成果を上げるためには、どのような改善を行なえばよいか

・困難な局面は起こらなかったか
・起こったなら、それをどのようにして乗り越えようと考えたか
・その際に周囲の人の力を借りるような行動を起こしたか
・困難を乗り越える際に、一番力を発揮したのは誰か
・困難を乗り越えることができた一番のポイントは何か
・この経験から学んだことは何か

・反対する人はいなかったのか
・反対する人にはどのようにして対応したのか
・反対者を協力者に変えるような努力は行なったか
・またどのような説得を試みたのか
・その結果はどうなったのか

＊注意：嘘は絶対にいけません。「深掘り」するための質問が次々飛んでくるので、嘘をつき通すことはできなくなります。

②

面接能力は面接回数に比例する

「面接試験がとても怖いのですが……」と、ある女子学生が相談に訪れました。初めて受けた専門学校の面接試験で、怖さのあまりその場で号泣してしまったと言います。「気が弱い私でも、学校の受付の仕事ならできるのではないかと思い面接に行ったのですが、『あなた、何しに来たの。自分の母校に雇ってもらえばいいじゃない』とあしらわれました」

私は彼女に、「それはおそらく圧迫面接のつもりではないか」と話しました。クレーマー対策に頭を悩ませる企業や学校は増えています。批判を受けることを覚悟のうえで、あえて圧迫面接を行ない、学生の「耐性」を確認しなければならない企業もあるのです。

私は彼女に「回数に比例して面接能力は必ず向上するから、できる限り面接試験を受けて慣れること」そして、「毎日、大きな声で話す練習と笑顔をつくる練習を10分間行なうこと」とアドバイスしました。

号泣事件から6か月後、彼女は大手家電量販店の最終面接に臨みました。面接会場の入り口近くで順番待ちをしていると、会場から泣きながら女子学生が飛び出して来ました。そのとき彼女は「そうか、圧迫面接か」と思ったそうです。「これは何かあるな」と思って面接に臨んでいると、終始不機嫌そうな表情をしていた面接官から、最後に質問が飛んできました。「きみ、体力に自信ある？　きみみたいな人がうちの会社でやっていける？」と高圧的な口調で言われました。彼女は即座にその面接官を見て、そして当時人気ドラマだった『花咲舞は黙っていない』の主人公のように、「お言葉を返すようですが、山椒は小粒でもピリリと辛いという言葉をご存じでしょうか。私には見かけ以上のパワーがあるので、ご心配いりません！」と言い放ったのです。面接官からは一斉に拍手が湧き起こったそうです。

6か月間でこれほどまでに面接能力は向上するものです。

③ 1次面接の合否は最初の1分でだいたい決まる

「約5000人の応募がある食品関連企業の1次面接試験の合否は1分間で決めています。1分で次に進ませるかどうかを決めても、われわれの見立てが外れることはありません。2次面接に進めるのは約900人です」これはある人材会社の社員の話です。この会社では、企業から委託されて1次面接の審査を行なっていると言います。

就活生のみなさんにしてみれば「そんないい加減な話……」と思われるかもしれませんが、**1分面接しても10分面接しても結論は同じ**です。私も長年多くの学生を指導していますが、学生の就職偏差値は瞬時に判断することができます。私が「あなたは大丈夫」と言った学生は、間違いなく「自分が納得する企業」に就職しています。

100歳を過ぎても医師として活躍されている聖路加国際病院名誉院長・日野原重明氏は「患者さんが診察室に1歩足を踏み入れた瞬間に、病気の90％以上は検討がつく」と話されていますが、長い経験で磨かれた勘というものはきわめて優れたものです。

元アメリカ大統領のリンカーンは「男は40歳を過ぎたら自分の顔に責任がある」という名言を残していますが、これは人間の顔にはその人の生き方が現われるという意味です。無論、面接官が見ているのは顔だけではありません。「その人全体の雰囲気」というべきでしょうか。

毎日の過ごし方、就活への取り組み方、その企業への入社への熱意……。話をしなくとも、目の輝き、顔の表情、体全体が発する雰囲気から判断できるのです。自分に自信がない人は、今日から自分を変えてください。徹底的に企業研究を行ない、入社したいという気持ちを高めてください。

また第1章で述べたように毎日鏡を見て「良い表情」をつくる練習をしてください。**「本気か」「本気でないか」は面接官にも伝わります。**

④「想定問答集」はかならずつくる

人気俳優の堺雅人さんですが、数々の名シーンのなかでも、とくに圧倒されるのが大変長いセリフを早口でしゃべり相手を追い込んでいく場面です。堺さんが演じる役は銀行員、弁護士などの専門家です。専門用語や数字が次から次へと飛び出してきます。あるテレビ番組でセリフの覚え方についてていましたが、「受験生のように、本番直前までひたすらブツブツ言いながら覚える」というごく普通のものでした。

就活生も同じです。厳しい面接試験を突破するために「想定問答集」という台本を作成し、その内容を頭に叩き込んでください。**思いつきの答えが、面接官に評価されることなどありえません。**どのようなことが質問されるのか、それにどのように答えるのか。面接試験を受ける前に想定問答集に整理します。そしてそれをただ暗記するのではなく、自分の言葉としてきちんと語れるまで練習してください。もちろんアドリブはＯＫです。

想定問答集を作成しないまま面接に臨み、次々と落とされていくという人をよく見かけます。ある男子学生は、２週間で４社の中堅不動産関連会社の１次面接に落とされていました。私が彼に志望理由を確認すると「『お金』のためですかね……」。言葉もありませんでした。そのときから彼には「想定問答集」の作成指導を行ないました。「ホームインスペクション（住宅診断）制度の今後の展開」「空き家対策ビジネス」などをノートにまとめさせ、自分の言葉で語れるように練習をしてもらいました。結果、彼は東証１部上場の大手不動産関連会社から内定を獲得しています。

当然のことですが、ノートはつくりっぱなしではいけません。面接を受けたら、その都度復習し「ブラッシュアップ」してください。想定問答集が自分の「第２の脳」とも言えるくらいに、完璧にするのです。

実践
メソッド

面接試験の想定問答集のつくり方

想定問答集をつくる際は、「回答」の追加が出来るように、1ページにはひとつの質問と回答を書くようにしてください。

よくある想定される質問例をまとめておきます。このくらいは即答できるようにしておくべきです。

・志望理由
・自己PR
・学生時代にもっとも力を入れたことは何か
・クラブ、サークル等の課外活動について

・自分の長所、短所
・あなたの「強み」は何か
・趣味
・特技
・ゼミ、研究室での研究内容
・アルバイトについて
・5年後、10年後にはどのような社会人になっていたいか
・もっとも辛かったことは何か、それをどのように克服したか
・最近（3か月以内）関心を持っている出来事、ニュースは何か、またその理由
・あなたが尊敬する人は誰か（魅力的だと思う人）
・自分をひと言で表現してください
・企業を選ぶ際に重視することは何か
・これまでにもっとも感動したことはどのようなことか

⑤ 質問にそつなく答える人は落とされる

最近、「アイスの天ぷら」が海外でも人気のデザートになっているようです。天ぷらのコース料理を食べ終えたあと、デザートとして出てくると「なぜ融けないの？」「どうなっているの？　不思議……」というように、食事の終わりがとても盛り上がるものです。

諸説あるようですが、これは大正13年創業の天ぷらの名店・新宿「つな八」が始まりと言われています。

この感動が、「誰かを連れて行こう」「誰かに紹介しよう」という気持にさせるのです。ちょっとしたお店の工夫が商売繁盛に繋がります。

多数の応募者のなかから選ばれるためには、ほかの受験者と同じことをしていたのでは勝ち残れません。面接官の質問にただ答えるだけではほかの受験者に差をつけることができません。**面接官の印象に残るようにするためには、やはりひと工夫が必要**です。面白いエピソード、魔法の言葉を使って質問に答えることで差別化は簡単に図れます。

これは面接の答えのなかに、歌でいえば「サビ」の部分を作ることと同じと考えてください。大ヒットした歌には、誰もが口ずさめるような「サビ」の部分があります。ほかの部分はあまり覚えていなくとも、ここだけは知っているという歌の山場です。

世界的に大ヒットした映画『アナと雪の女王』の主題歌「レット・イット・ゴー」と言えば、多くの人は「ありのままの姿見せるのよ。ありのままの自分になるの……」という「サビ」の部分を思い出すのではないでしょうか。

このように書くと大変なことのように思われるかもしれませんが、実際に考えてみると、それほど難しいことではありません。

無論、嘘はいけません。大事なのは説明の仕方、答え方です。次のページから2つの事例を見ていきましょう。

実例
攻略ポイント

面接官の印象に残る回答例①

ひとりは女子学生の例です。大学3年間、毎日、遠距離通学をしていたことをアピールしたいと思いました。毎日、片道2時間半かけて大学に通っていたことを、どう「魔法の言葉」に置きかえて語るかが重要です。

□ 文学部
□ 女子
□ 広告関連会社内定

「私は毎日、大学に通うのに『箱根駅伝』をしていました。だから、体力、根性があるのはもちろん、時間の使い方がうまいと自分では思っています。私は出来る限り多くの授業を履修しようと思っていたので、大学の授業は、月曜から金曜まで、ほとんど1限から5限まで埋まっていました。毎朝9時から授業が始まり、終わるのは夕方6時近くです。朝9時から始まる1限の授業に間に合わせるために、家を朝6時過ぎに出ます。また帰宅の時間は夜9時前後です。

自宅では睡眠時間を除くとほとんど時間がないので、大学のレポート、テスト勉強などはほとんどすべて電車のなかで片づけていました。ほかには電車のなかで読書をしたり、年賀状を書いたりしたこともあります。

そして私が少し自慢できることは、通学時間はとても長かったのですが、電車の遅延以外で、大学の授業に遅刻したことは大学3年間1度もなかったということです。」

就活担当の目

毎日、遠距離通学をしていたことをそのままアピールしても面接官の印象に残りません。そこで浮かんだのが、「箱根駅伝」という言葉です。箱根駅伝の往路、復路はそれぞれ約5時間30分です。1日5時間以上の通学時間の長さ、大変さを、箱根駅伝でイメージしてもらうことを考えたのです。「魔法の言葉」が見つかると自信が生まれます。もちろん、面接官の印象にも残るようになります。

実例 攻略ポイント

面接官の印象に残る回答例②

次の男子学生はアルバイトの話で自己PRです。毎週、土日、リゾートホテルのレストランでアルバイトをしていました。ここでもポイントは「魔法の言葉」を見つけることです。

□ 経営学部
□ 男子
□ IT関連会社内定

「私は毎週、土曜日曜の2日間、○○（自分の名前）式トライアスロンで心身を鍛えていました。

朝、7時起床、1時間自転車をこいでバイト先のホテルのレストランへ向かいます。そして、平均500人が訪れるランチバイキングの準備に取り掛かります。料理を並べ、皿を運び、営業が始まる前も営業中もずっと走りまわっています。

午後2時くらいからは、長時間の水泳。つまり大量の食器洗いに取り掛かります。少しの食事・休憩をはさみ、また、ディナーの準備・片づけに入ります。10時間労働です。

しかし、まだ体力が残っているので仕事が終わっての帰り道、2時間くらい自転車に乗り、サイクリングをしていました。このような週末を大学入学から3年間続けました。」

就活担当の目

ただ「長時間労働」というだけでは面接官の印象に残りません。そこで「トライアスロン」という言葉でアピールすることにしたのです。「魔法の言葉」があれば、自分がＰＲしたいことの「核」をはっきりと意識できるので、「質問」を重ねられても、答えに詰まらないようになります。

⑥ 「あっ、こいつ仲間にしたいな」と思わせれば勝ち

ある中堅の出版社に入社し編集部に配属された男子社員の話です。3か月の試用期間も終わりに近づいた6月のある日、社長室に呼ばれました。社長室には、専務、常務も同席しています。彼が着席すると、社長から意外な言葉が飛び出しました。かなり厳しい口調です。

「どうやらきみは我々の仲間になりたくないようだね」

彼は社長が何を言っているのか、まったく理解できません。編集長にもかわいがられ、先輩たちとも飲みにも行っています。続けて常務がこう言います。「きみは、3か月間いつもネクタイにスーツだな」。たしかに、この会社の編集部員はいつもラフな格好で仕事をしていました。彼は必死に

弁解をしました。「いや、スーツならネクタイを変えるだけで済むのでラクなので……」。制服は仲間意識を高める効果がありますが、彼のようにひとりだけ異質な服装をしていては、仲間に入りたくないという意思表示になってしまいます。経営者には彼の気持ちが伝わり、無事正式採用になりました。

この話は、**企業がいかに仲間意識を重視しているか**という例です。

企業の1次、2次面接最大のポイントは「仲間にしたい人物かどうか」ということです。

「自分たちの職場に合うかどうか」をさまざまな角度から見ています。コミュニケーション能力はもちろん、性格、マナー、その人が持つ雰囲気……。十人十色という言葉があるように、人の集団である職場にもそれぞれのカラーがあります。

その会社の雰囲気に合うかどうかは、面接を受けている本人にもわかるはずです。学生に面接を通過できなかった理由を分析させると「面接が盛り上がらなかった」という答えがよく返ってきます。それは会社との相性が悪かったという側面があったのかもしれません。

⑦ 自分の心が揺れていれば間違いなく見透かされる

大手企業のなかには、最終の役員面接は、形式的に行なっているところもあります。しかし、多くの企業においては、**最終面接ですべてが決まる、あるいはそれまでの面接の評価が１８０度変わる場合がある**ので、油断することなく対策をしっかりと立てて臨むべきです。

最終面接のポイントは、「入社への熱意、本気度」と言ってもよいかもしれません。毎年、最終面接がなかなか突破できないという学生がいます。「仕事は忙しいけれど大丈夫？」などとやや厳しい質問をされると、途端に自信がなくなり、答えに詰まるというのです。自分の心が揺れていることは、企業の役員、経営者にはすぐに見透かされてしまいます。

企業にとってもっとも困るのは、せっかく採用した社員が入社後すぐに辞めてしまうことです。大卒新入社員の3割が3年以内に辞めてしまう時代ですが、半年、1年という教育期間に辞められては、企業の損失です。

また、総合職志望の場合は、入社後どのような仕事でも「喜んでがんばります」という熱意を見せないと、「配属先に不満を持って辞めてしまうかも」という懸念を与えます。

ある学生は大手出版社の最終面接で「君は編集部希望のようだけれど、営業部に配属されたらどうするの?」と聞かれ、答えに詰まってしまいました。それまでの面接では「編集者向き」と高く評価されていると感じていたので、この質問にたじろいでしまったのです。「はい……、やります」となんとか答えたそうですが、結果は不合格でした。

そもそも総合職とは「どのような仕事でもできる」という人を採用します。「営業部に」という質問は、多くの出版社の最終面接で聴かれる質問だけに、彼の最終面接対策が甘かったと言えるでしょう。自分が志望する職種ではなくても、そこは「はい、喜んでやります」と元気に即答すべきです。

⑧

最終面接の「社長のひと声」をあなどらない

社長の気持ちを理解していないと、最終面接で失敗することがあります。とくにオーナー経営者の場合、ほかの役員、社員に比べ、会社の経営に対する社会的責任は格段に違います。

私はいつも授業で話していますが、会社に万一があった場合、仕事を失う社員も大変かもしれませんが、経営者はそれだけではすみません。膨大な負の遺産を背負うことになります。会社が銀行から借り入れをする場合、大手企業を除く多くの経営者は個人で連帯保証をしています。

したがって、会社が倒産すると、個人の全財産を没収され自己破産になります。家族、親族、友人などが連帯保証人になっていれば、その場合は大事な人たちまで巻き込んでしまうことになるのです。

年商約100億円のある企業経営者の言葉です。「大きな声では言えませんが、うちの取締役たちは本当にお気楽なものです。彼らあの程度の仕事で、月給は200万円ですからね。私もヒラの取締役になりたいですよ」。このような言葉が出るほど、社長の責任、背負うものは大きいのです。

広告関連の会社を受けた都内の男子学生です。1次から3次面接まで順調に進み、最終面接は本社がある大阪で行なわれました。東京支社の部長には「まあ、気楽に行ってきて」と言われていたので、心のなかでは「最終面接は形式的なものだな……」と安心していたそうです。

そして社長との1対1の面接。社長は1次面接後に提出した「クライアントである製菓会社の新商品開発のヒントになる資料を作成せよ」というレポートを見ながら質問しました。「きみはなぜこの商品を紹介するの？」「それはネットで人気があるからです」「きみはうちの会社は無理だな」。面接はわずか数分で終了。「高度な情報感度」を持つ人材を求めている社長には、ネットで調べただけの情報を提案する程度の人材は不要だったのです。

⑨ 面接の終わりに尋ねられる「最後にひと言」にはかならず答える

面接は学力テストとは違います。合否を各質問の総合点で判定しているわけではありません。10分間の面接なら、面接官の多くは始めの1～2分で「次に進めるかどうか」を決め、残りの時間でその理由を考えるのです。しかしまるでオセロゲームのように「最後のひと言」で黒の石がすべて白の石に変わるような「大逆転」も起こります。

何十年も前から伝えられている「就活伝説」があります。ビール会社の最終面接会場でのこと。面接官の質問に何も答えない学生がいました。面接官は「きみ、何か言うことはないの?」と不満を口にしました。学生は面接官に向かいひと言こう叫びます。「男は黙って、サッポロビール!」。

これはこの会社のCMコピーですが、このひと言で学生は内定を獲得したと伝えらえています。無論、話の真偽のほどは定かではありません。

しかし、何十年経っても語り続けられているのは、就活面接の真実がこの話にはあるからでしょう。**面接での「最後のひと言」で逆転が起きる**のです。

ある女子学生は国家公務員総合職試験に合格後、いくつかの官庁を回りました（採用されるには、各官庁を訪問して内定をもらう必要があります）。しかしなかなか内定がもらえません。ある官庁の面接試験に臨みましたが、ここでの感触もよくありません。「最後に何か言いたいことはないですか」と聞かれると彼女はこう質問しました。「どうして役所では、できるだけお金を使わずに仕事をすることを考えないのですか？」。税金の無駄遣いがよくニュースになります。民間では当たり前のことですが、中央官庁ではすこし珍しい発想のようでした。面接官は「面白いこと言うね！」と感心。結果、内定を獲得することができました。

最後に話す勝負の言葉を考えてから面接試験に臨みましょう。そのひと言が奇跡を起こすかもしれません。

⑩ 雑談面接は社会を読み解く力が試される

２０１６年度採用の東京キー局の番組制作会社の1次面接試験です。学生が着席するとすぐにこう質問されました。「最近、興味をもったこと。面白いと思ったことは何ですか?」「うーん、とくにないですね……」「どうして映像の仕事を志望されたのですか?」「とても好きだからです」「本日はどうもありがとうございました」。面接時間はおよそ2分でした。

テレビ・広告の制作会社や出版、企業の企画・広報・商品開発部門など、クリエイティブな仕事を志望する就活生はとても多いと思います。

しかし多くの就活生が間違えていることは、企業が欲しいのは「テレビが好き」「本が好き」「商品が好き」な人ではありません。**求めているのは「高**

視聴率番組」「ベストセラー」「ヒット商品」をつくることができる人です。

世の中のありとあらゆることに興味を持つこと、好奇心を育てることが大切です。いつどこで何が、仕事のヒントになるかわからないからです。アンテナをいろいろな方向に向けて情報収集を行ない、発想力を鍛えてください。雑談面接では、社会を読み解く力があるかどうかが試されています。この力がないと、世の中の人はどのような商品、サービス、作品を求めているか気づくことができないからです。

世界30か国、年間5億箱が売れるヒット商品「ポッキー」の人気の秘密は、歩きながら、本を読みながらいつでもどこでも食べることができる点です。これを可能にしたのがチョコレートのコーティングが施されていない端の2センチの「持ち手」です。これがあるから、手がチョコレートで汚れないのです。発売元の江崎グリコは大阪の会社。この持ち手のアイデアは大阪らしく「串カツ」から生まれたものだといいます。

スマホだけに頼らず、第6感まで働かせて世の中を自分なりに見る習慣をつけてください。

⑪ 不幸な体験や辛い体験は強力な武器になる

業界・業種は違っていても、企業で働いているのは自分と同じ「人間」です。人間である採用担当者の「心を動かす」ことができれば、次に進める確率は高くなります。怪我、病気、別れ……、自分の悲しみ、辛さが大きければ大きいほど、担当者の心も大きく揺さぶられるかもしれません。自分の過去の経験・体験をよく振り返ってください。

大手化粧品メーカーに内定した女子学生が書いた志望理由です。

——私が小学2年生のときのことです。母の留守中に2歳年下の妹が「お腹がすいた」というのでカップラーメンをつくろうとしました。やかんでお湯を沸かしたのですが、誤ってやかんを倒してしまい、私たち姉妹は熱湯を浴びてしまいました。妹は足に、私は背中に大やけどをしました。妹への贖罪の思い、そして自分の体を見ることの辛さ。この事件後、私の人生からは「明るさ」という言葉が消えました。

大学入学後の5月のある日のことです。「合コンに行くのだから化粧くらいしなよ」と言う親友のAに、「いいよ、いいよ」と断る私。それでも親友のAがお化粧を強引にし始めました。化粧が終わると彼女はこう言いました。「T子できたよ。すごい綺麗！　カワイイ！」。私の人生に「綺麗」という言葉は縁がないものと思っていました。しかし、そのとき親友が使用した貴社の化粧品が私の人生を変えてくれたのです。（中略）それから私は「醜くかったのは自分の心」だったということに気づきました。人の心、いえ人生さえも変えてしまう力を持つ貴社の製品を世界中の女性に広めることに貢献したいと思い応募させていただきました。——

気をつけていただきたいのは、「会社をすぐに辞める」「馴染めない」のではないかという心配が生れる経験です。「引きこもり」「いじめ」などの題材は難しいかもしれません。

第6章

キャリアセンターの使い方で内定率は上がる

「100回叩くと壊れる壁があったとする。
でもみんな何回叩けば壊れるかわからないから、
90回まで来ていても途中であきらめてしまう」

（元プロテニスプレーヤー　松岡修造）

①

内定率を上げたければキャリアセンターを軽視するな

大学教員でもある私が言うと信じてもらえないかもしれませんが、大学のキャリアセンターというところは、本当に親切で便利なところです。**日頃からキャリアセンターを利用し、職員と仲のよい学生の内定率は極めて高い**ものです。大学によっては利用していない学生が半数近くいるという話を聞きましたが、「もったいない！」としか言いようがありません。

私が知る限りにおいて、職員は学生のことを本当に心配し、少しでも役に立ちたいと思っています。苦労して内定を獲得した学生と涙を流している光景にもよく出会います。就活生のみなさんご存じのように、大学職員は競争率の高い学生に人気の職種ですから、職員の方の能力も相当高い方たちばかりです（繰り返しますが、身内だからと褒めているわけではありません）。とくに自分ひとりでは、どうしたらよいかわからないとき、完全に行き詰ったときは、相談することが大切です。

若き日の小澤征爾氏が〝世界のオザワ〟への第一歩となったのは、フランスで開かれたブザンソン指揮者コンクールです。コンクールへの参加申し込みをした小澤氏ですが、手続きの不備で、締め切りに間に合わなくなってしまいました。諦めきれない小澤氏はアメリカ大使館に駆け込み、何とか便宜を図ってもらえないかと頼み込みました。すると担当者の女性はこう聞いたそうです。「お前はいい指揮者か？　悪い指揮者か？」。小澤氏はでっかい声で（著書にこう書かれています）、「私はいい指揮者になるだろう」と答えたといいます。担当者は笑いだし、しかし、すぐに事務局に掛け合ってくれました。そして小澤氏はコンクールで第1位を獲るのです。

自分の目標を達成するためには、利用できるものは何でも利用するという行動力が大事です。**就活生には、キャリアセンターという大変強力な「助っ人」がいる**ことを心に留めておいてほしいと思います。

②「みんなが参加しているから」でキャリア講座を受けない

自分で「調べ」「考え」そして「行動」するのが、ビジネスパーソンです。大学ではさまざまなキャリア関連の講座が開かれています。**参加・不参加は、自分に本当に必要があるかどうか、自身で判断することが大事**です。

とくに「マナー関連の講座」は就活生によって重要度がかなり違います。「お辞儀の仕方」「椅子の座り方」「荷物の置き方」など細かく徹底指導してくれます。このような講座は大企業の一般職をはじめ、キャビンアテンダントなどのような接客業を目指す学生には重要です。

しかし、一般企業の総合職、クリエイティブ関連の企業を目指す学生には重要度は高くありません。面接会場での行動は、普通に丁重に行なえばよいだけです。椅子の背もたれに背中がついていたからという理由で落とされることはありません。

また一般的に、人材関連会社の講師は企業、業界についてのマイナス面の話はしないものです。なぜなら、彼らは大学のキャリア講座を担当していると同時に、企業が人材募集サイトのクライアントでもあるからです。

数年前、私が指導している学生が「金融・保険業界研究講座」を受講した際にこう質問しました。「自動運転の車が普及すると、自動車事故の9割は減ると言われています。そのとき、損害保険会社の業績はどうなるのでしょうか」。講師は「それは難しい問題ですね。調べておきます」とごまかしたそうです。保険会社の営業収益構造などから何らかの回答ができたはずです。担当講師の力量についてもよく調べて参加する必要があります。

かつて北野武（ビートたけし）さんは、日本人の自分で判断することのできない「行動特性」に皮肉を込めてこう言いました。「赤信号、みんなで渡れば怖くない」。就活講座の参加は自分で判断して決めてください。「みんなが参加するから……」では話になりません。

③ キャリアアドバイザーの力量は3つの質問で見極めよ

キャリアアドバイザー試験の柱である「傾聴スキル」は、「人の話を掘り下げ聞き」そして「本人に気づかせる」というもの。しかし、就活指導の現場では時間がありません。「本人自身が自ら気づく」ことは大切ですが、現場では相談時間内にどのような「戦略」を授けることができるかが重要です。もちろんアドバイスは本人が納得できるものでなくてはなりません。

アドバイザーの力量は次の3つの質問をしてみて、各自判断してみてください。納得できる「回答」をしてくれた方がもっとも信頼できるコーチになるはずです。

①「今、社会で起きていることをどう読み解くか」

たとえば「今日、株価はなぜ上がっているのか」「原油価格はなぜ下落するのか」など、面接で聞かれるような話題について解説してもらいます。

②「志望企業はどんな会社か。また業界の現状と将来の予想について」

具体的には「キリンビール荒蒔康一郎氏は医薬部門のトップから社長、会長になったが、なぜこのような人事が行なわれたのか」など。激変するビジネス世界の情報収集に努めることは、アドバイザーとして当然のことです。経営学の巨人として知られるドラッカーは「教養のある人間は、勉強し続けねばならないことを自覚している」という名言を残しています。

③「気になるライバル会社2社をそれぞれどのように攻略すればよいか」

戦略と作戦を指示することができないスポーツの監督、コーチはいません。たとえば、三菱商事と三井物産は同業種の会社であっても、企業の文化・個性はまったく違います。ライバル会社のそれぞれの「攻略法」を明確に答えらえるアドバイザーなら信頼できます。

④ すぐに面接に進める企業はキャリアセンターの「求人票」にある

就活においてネットは便利であるいっぽうで、過酷な状況も生み出しています。「学歴フィルター」「ターゲット校」というものが歴然と存在するなかにおいて、ネット上では企業の「本音」と「タテマエ」が見えないために、振り回され、疲弊している学生も大勢います。

入学試験においては「偏差値」がありますが、就活においては「物差し」がありません。ネット情報だけを見て、「的もない」ところにひたすら下手な鉄砲を打ちまくっているという状況が生まれています。

それでは、確実に的があるところを探すにはどうすればよいか。それは大学に「求人票」が送られてきている企業に応募することです。企業が大学に求人票を送るということは、「この大学の学生から採用したい」という企業の意志表示だからです。

今日のようにネット利用が始まる以前の就活においては、自分の「就職偏差値」がわかったものです。自宅に会社案内等の資料が送られてくるかどうか。あるいは大学の掲示板に求人票が貼られているかどうか。ない場合は、応募しても可能性は低いということがわかりました。企業も就活生も「無駄な労力」を使わずに済んだわけです。

いまや情報量の多い「就活サイト」で情報を手軽に入手できるから、わざわざ大学の掲示板を見なくてもよいと思うのかもしれません。大学のキャリアセンターの情報に目を向けない就活生は多いようです。

私は昨年、ある上場企業の広告部門を独立させた子会社の求人票をキャリアセンターに回したのですが、応募は1件もありませんでした。せっかくの募集情報も注目されなかったようです。

大学に来ている求人票、学内で開催される会社説明会など、「自分の足元にある情報」を大切にすることが、就活難民にならないための第一歩です。

⑤ 就活に役立つ講座は他大学に潜り込んででも受けよ

ずいぶん昔の話で恐縮ですが、私の学生時代、大学の授業によく他校の学生が紛れ込んで聴講している姿を見かけました。なかには教員に掛け合い、ゼミにまで参加している学生もいたほどです。もちろん、成績や単位には関係ありません。すべては自分の学びのためでした。

自分の就活を成功させるためには、情報を収集し行動を起こさなければ始まりません。**本当に大切な情報は「人」が持っていますから、人の話を直接聞くことは、とても大事**です。大学の授業のなかでもとくに就活に役立つのは、「実務家教員」の方々の授業でしょう。教員の経歴はさまざまです。俳優、映画監督、音楽プロデューサーなどの芸術・芸能関係から、新聞、放送、広告、出版などのマスコミ関連業界、金融、総合商社、メーカーなど……。各分野での実務経験豊富な先生方が教壇に立たれています。経験に基づく企業・業界の話、ときにはビジネス現場での複雑な人間模様の話も聞くことができるかもしれません。各大学のシラバスはウェブサイトで公開されているので探してみてください。

私も大学では自分のビジネス経験、取材活動から知りえた、ライブでしかお話することができない企業・業界の実情、裏話、将来の展望など、実践で役立つ就活の話をしています。また、就活に勝つために必要な「深く社会を読み解く力」を養成する時事問題も取り上げています。自分で言うのは恥ずかしいですが、ニュースの裏側や深層などのテーマは、学生の視野が広がるようで、授業アンケートでも毎回好評です。

就活を成功させるために必要な情報は徹底的に集めてください。情報収集のために、時には他大学の授業を聴きに行くくらいの行動力がほしいものです。私の授業にもときどき他大学の学生が紛れ込んでいるようです。

あとがき

就活に不安を感じているみなさんにあらためて申し上げておきたいことは、本書で繰り返し説明してきた「企業側の考えを理解し、戦略を立てて行動に移せば、かならず成功する」ということです。とくに大切なのが「強い心と熱意」という、メンタルな側面です。行動を起こすための源となるのが「心」だからです。

ここで『就活を成功させる〈五つの心得〉』としてまとめておきましょう。

①企業が求める能力

（1）「強い心・熱い心」

（2）論理的思考力

（3）コミュニケーション能力

②面接試験で求められる人材
　（1）自分たちの「仲間」にしたい人材かどうか？
　（2）自社の「戦力」になる人材かどうか？
③自分の価値は、自分ではわからない
④自分という「高額商品」を企業に買ってもらうための活動が「就活」
⑤自分の給料は、会社の「売上げ」から出ている

この本を読んでから就活を行なう人と、そうでない人とでは大きな差がつくはずです。ビジネスでは情報が命。この本を読んだあなたは「情報収集能力」が高い人、つまり「就職偏差値」の高い人です。自信を持ってこれから就活に取り組んでください。成功を心よりお祈りいたします。

最後になりましたが、本書を執筆するにあたり、数々のアドバイスをいただきました（株）ロム・インターナショナルの北城諭さんにこの場を借りて、心より御礼申し上げます。

2016年2月　篠上　芳光

著者略歴

篠上芳光(しのがみ よしみつ)

尚美学園大学兼任講師、「YSP」代表。

1960年生まれ。立教大学法学部卒業。「最高の学力」×「高い心の偏差値」=「最優秀な人材」という教育理念を掲げ、「YSP」を開設。東京・神田で、小・中・高生(学力偏差値、心の偏差値を上げるための指導)、大学生(就活指導)までの一貫教育を行なっている。日本では珍しいこの取り組みは、たびたびメディアでも注目され、テレビ・新聞・雑誌で紹介される。「戦略」と「武器」の重要性を説いた就活指導で、外資系企業をはじめ、金融、商社、大手メーカー、マスコミなど、多くの内定者を出している。新聞の連載コラム、テレビコメンテーターとしても活躍。

おもな著書に『24歳からのビジネス教科書』(実業之日本社刊)、『わが子に「お金」をどう教えるか』(中公新書ラクレ)などがある。

YSPホームページ

http://ysp-juku.com

内定をとりたければ、その就活はやめなさい

2016年3月7日　初版 第1刷発行
2023年7月12日　　第4刷発行

発行人：伊藤 秀伸
発行元：株式会社 三栄
〒163-1126 東京都新宿区西新宿6-22-1 新宿スクエアタワー26F
TEL:03-6773-5250(販売部)
TEL:048-988-6011(受注センター)

印刷製本所　図書印刷株式会社

ISBN 978-4-7796-2845-0
SAN-EI CORPORATION